AQUARIUS

AQUARIUS

AQUARIUS

AQUARIUS

一些人物，
一些視野，
一些觀點，
與一個全新的遠景！

看不見的傷，更痛

療癒原生家庭的傷痛，
把自己愛回來

黃之盈（諮商心理師）

目錄

目錄

輯二

請當自己的父母，療癒自己的內在小孩

目錄

輯三 我們不能選擇家庭，但可以選擇改變自己的人生

目錄

輯一

父母給的傷痛，總是千絲萬縷的影響我們

「你去跟你爸講，他是不及格的爸爸……」——掌控型

他不但是父母的傳聲筒，還是出氣筒。

「你去跟你爸爸講，叫他不要往自己臉上貼金，有了孩子的男人就要認命。」

「爸，媽她真的很氣你。你就幫一幫她啊，幹嘛這麼小氣？」國九的孩子，聽著媽媽的抱怨，轉身對爸爸這樣說。

「我小氣？你誰養大的啊？不是我，你能長這麼大？你去跟你媽講，少來這一套。」

太太常不滿先生不幫忙做家事，從孩子出生到現在，不論是吃喝拉撒，還是生活習慣的養成，都是她在忙。先生撒手不管，好像這個小孩與他完全沒關係。

夾在父母之間，為難的兒子

他很苦惱，已經讀國九的他，不但要面對升學壓力，家裡還吵不停。媽媽只要不開心，就會突然闖進他的房間，抱怨家裡的大小事。抱怨他爸爸多不負責任，薪水不拿回家，貸款催繳拖延，還要晚歸在外應酬。

「是有完沒完？」其實他很沒心情面對這些事，學校已經夠他忙了。爸爸雖然很過分，但媽媽自己不跟爸爸溝通，一直對他叨唸，他也覺得很煩。

但只要他稍微面露難色，媽媽就會指責他：「你長大了啦，翅膀硬了啦，男人都一個樣啦。」此時，他就不得不放下手上的課本，眼睛盯著媽媽，腦袋放空。因為他知道，只要他眼睛盯著媽媽，感覺好像有在聽，媽媽就不會連他都罵進去。但有時候，這招也沒用。

「天曉得我媽那數不完的煩惱，要何年何月才能停止？」他沒有答案，反倒是只要媽媽說：「你是他兒子啊，你不講，誰去講？」他就只能摸著鼻子，去做點什麼，只是每一次替媽媽出征的下場，就是讓他也成為爸爸的出氣筒。

爸爸愈不負責，媽媽愈緊抓不放

他知道外公外婆在媽媽小時候就離婚了，所以媽媽一心想找到一個盡心、負責的丈夫，但顯然爸爸的表現，不符合媽媽的標準。於是，當媽媽愈是害怕爸爸不盡心、負責時，媽媽就愈是事事控制、緊抓不放。

他本來想幫媽媽提醒爸爸，但總是得到爸爸無奈又惱怒的回應：「你這兒子吃裡扒外啊？你又不是不知道你媽是什麼樣的人，她就愛自尋煩惱啊。我都已經做成這樣，但在她眼裡，卻什麼都沒有。」

「好啊，就不要做啊，就讓她嫌啊，我早就放棄了啦。」

他不但兩邊不是人，還常自責自己是否把事情搞砸了。因此，他開始像媽媽一樣，努力地想掌控更多事情，只是他終究無法解決爸媽的問題，但他開始告訴自己：「我長大後，談戀愛，找對象，絕對不要像他們一樣，明明不適合，卻硬要在一起折磨對方。」

我們在原生家庭受的傷

故事裡的媽媽曾經因父母離異，讓她無法受到完整照顧，此時的她會在心中無意識的下一些決定：

一、我絕對不要嫁給和我爸爸一樣不負責任的男人。

二、我絕對不要像我媽媽那樣無助。

但當這樣的想法在心中生根時，她對關係是既期待又焦慮的，因為她想確定自己的人生不會重蹈覆轍父母的悲劇，只是她愈焦慮，愈容易捕風捉影。當另一半做了類似過去父親做過的事情時，她就會覺得過去的惡夢彷彿又要回來了。**為了抵擋這些痛苦的感受，她反射性地開始指責、批評、輕蔑或鄙視對方。**

兩敗俱傷的親密關係

其實，如果此時先生有理解到那是太太本身的焦慮，先不要急著解釋或反擊，反倒是耐心安撫她，或停下來給她一個溫暖的擁抱，對她說：「我知道你很擔心，很害怕舊事重演，但你現在和小時候已經不同了，你的命運不會和媽媽一樣啊。」

這樣的對話，重覆且必要，說個十次、二十次、幾百次都不嫌少。這樣保證和安撫的回應，在重要的關係中非常迫切；因為原生家庭的記憶痕跡太深，見到黑影就開槍的預期好強烈，導致太太不安。太太為了預防災難發生，所以原本想要警告、提醒先生「男人要有責任感」，但在心中的警報器大響之下，變成了犀利的唇槍舌劍，讓先生難以招架。

當太太指責、批評、輕蔑或鄙視先生時，也就很容易引發先生想保護自己，而開始反擊的言語或行為又導致溝通不良、兩敗俱傷。

通常在親密關係中，當太太指責先生做了哪些讓她不愉快的事，先生如果只是悶不吭聲，但心裡並不贊同，而太太再指責先生，先生就更想反彈，甚至抵死不從。不過，先生愈是抵死不從，太太的害怕就愈是難被安撫到。

此時，太太愈來愈無法不擔心自己的丈夫也將成為不負責任的爸爸，就愈想掌控，但這卻愈是把丈夫推往不負責的罪狀中。長年下來，身為丈夫，心裡會感到無比挫折，這也是可以理解的。一如案例裡的爸爸對兒子所抱怨的：「你又不是不知道你媽是什麼樣的人，她就愛自尋煩惱啊，我做得再多，她還是覺得什麼都沒有。

好啊，就不要做啊，就讓她嫌啊，我早就放棄了啦。」

當孩子成為傳聲筒與棋子

對身為夾心餅乾的孩子來說，為了爸媽不吵架，很容易就成為家中的傳聲筒。上述**「父母無法直接面對彼此間的衝突，於是讓孩子去傳話」是在家庭中很典型的互動中的「三角關係」**。這是運用其中一名家庭成員當作中間人，覺得他講話比較能影響對方，或比較好指使，或他比較無害等原因，認為讓他出面，以緩解家人間的衝突。

至於成為傳聲筒的人，因為接受了父母的囑託或任務，不但被迫選邊站，父母通常還不允許傳聲筒有自己的想法，因而擔任這種角色的孩子通常會在「我有影響力」和「我沒辦法」之間，患得患失。

如果三角溝通成為一個家庭中的習慣，那麼，家庭成員之間就更容易「被對方的問題糾纏住」，因為「你是家中的一分子，你不出面，也太沒良心了吧。」「你一點也不關心，算什麼家人？」

在這樣的情形下，我們很容易被家人的話語引出一連串罪惡感，像是：

「你應該要懂得我很無奈。」

「你怎麼不幫幫我？」

「你實在是太狠心了。」

這些都是「你不懂事。」「你很無情。」「你明明知道，卻……」的責備與控訴。

這時候，問題就更像纏繞的毛線球，糾葛難解，而**傳聲筒也很容易成為被操縱的棋子，被指使久了，好像也變成「我應該如此」，背起家中的問題，但卻無法真正解決。**

疼惜自己的練習（一）

你是家中的傳聲筒嗎？你喜歡這些請託或命令嗎？

如果有一天你累了，想擺脫傳聲筒的角色，那麼你可以試試以下的方式。

步驟一、從尊重自己的感受開始：

對方讓你最難受的反應，是失望、難受、說你很無情、責備你置身事外、開口說要把對你的好處都收回等？請寫下那一些你預期會讓你忍不住，想出手相助的反應或說詞。________、________、________。

請評估自己對每一句話的承受程度，然後告訴自己「我不是英雄，我無法解救每個人的人生。」

步驟二、把對方的人生還給對方：

鼓起勇氣告訴對方，「其實，你可以自己試著跟他講看看，說不定這一次的結果不像你預期的這麼糟呀。」「你們之間的事情真的好無解，難怪你這麼辛苦，那你下次再跟他說說看好了！」「你可以練習自己說說看。每次我去說，他們反而覺得我雞婆多事，弄巧成拙。」接著，無論對方的反應如何，都請你先按兵不動。

步驟三、增強抵抗力練習：

試想對方的哪一些反應，會讓你瞬間失去抵抗力，進而又扛起了傳聲筒的職責，然後又將解決問題的責任往自己身上扛。

是他可能會不理你、對你嘆氣、一副很低落可憐的樣子，又或是講話酸你、動用其他家庭成員說你的不是、討厭你、對你感到失望、表示不再跟你溝通、賭氣或冷戰等。請寫下來：

對方的反應可能有＿＿＿＿、＿＿＿＿、＿＿＿＿、＿＿＿＿、＿＿＿＿等。

步驟四、暫時擱置的智慧：

請你先將步驟三的那些訊息擱置著。你別認為自己才是他的救世主，反而應該相信對方有能力處理，即便最後他的決定是要別人去傳話，那也是一種處理。

這個角色不是非你不可，而且在希望別人尊重你之前，你得先尊重自己的感受。

將對方的人生還給對方，是相信對方可以，也相信自己可以，讓彼此都可以為自己的人生負責。

無法愛女兒的媽媽——賭氣型

她得不到先生的愛，好像也無法愛女兒。

十六歲的她，因為家庭不溫暖，所以挺著八個月大的肚子，毅然決然嫁給十八歲的他。婆家雖然覺得她年紀很小，但對他們的婚事卻樂見其成，而在她生下孩子後，也將家裡的長孫捧在手心上疼。

但之前先生說會好好疼她、愛她、照顧她的這些誓言，卻被養兒育女的瑣碎家事、孩子的教養問題和經濟問題，給拋到九霄雲外。

最嚴重的一次，先生掐她到牆邊，打她好幾個巴掌，她在最想離婚的那時候，偏偏又懷上了第二胎。

第二胎是女兒，但她只偏愛傳宗接代的大兒子，只要見到自己的女兒就心生厭煩。

「你這拖油瓶，養你浪費錢！」「你綁什麼辮子，這麼小就在學人家三八。」「你那什麼眼神，少裝無辜……」

不知道為什麼，當她看著七歲的女兒逐漸蛻變為一個愛撒嬌的小女孩，不斷黏著爸爸，吵著要跟爸爸出門，這些，她一看到，心裡就有氣。

孩子逐漸長大，但經濟問題仍然讓他們捉襟見肘。

先生愈來愈煩，只要太太又哭鬧，跟他吵，他就跨上機車，帶女兒去外面的池畔釣魚、抓蜻蜓。先生不做任何回應，常是喝到爛醉，直接倒臥路邊，由女兒通知鄰人帶回家。

她得不到先生的愛，好像也無法愛女兒。她某個層面還認為女兒就是他們的小三。

她對女兒又嫉妒又討厭的心情愈來愈深，她甚至吆喝街坊鄰居，連成一氣抱怨女兒有多壞。

沒想到，女兒十六歲那一年，像當年的她，也因為家庭不溫暖，挺了大肚子回來……

我們在原生家庭受的傷

既然小時候的經驗這麼難熬，那麼為什麼我們要複製小時候的傷痛，這豈不是自討苦吃嗎？

當需求無法被滿足時，我們會否認自己的需要

在我們的成長過程中，稚嫩的時期是非常漫長的。這時候，我們只能仰賴身邊的大人，給予我們溫飽和吃穿。但有時自己有需求卻不可得的時候，我們會進一步否認自己的需要，告訴自己：

「我不可以想要……（抱抱）。」

「我怎麼可以有……（抱抱）的需要。」

「是我不好，是我很奇怪……」

「是我讓大人為難了，可是我就是想要……（抱抱）怎麼辦？」

這些對自己需求的否認，原本是因應外界無法回應自己需求時候的生存之道，但卻可能在我們長大之後，我們在心裡仍然有這種想法，甚至進一步認為：「我不值得。」「我不配擁有。」「我不要對別人有期待。」等。

負面的解讀，扭曲著自我

這些想法，長期下來會變成對自己、對環境負面的解讀。當然，這也是因為正面、直接的安撫在過去的生命經驗裡，太少或者太難得到，更難相信好事會發生在自己身上，像是：「你好可愛。」「你無論如何都值得被愛。」「再怎樣，你都是我的寶貝。」等，使得**我們長大後，依然覺得自己不值得擁有，或甚至可能把別人正面的稱讚都變成負面的解讀**，例如：

「你好可愛」這句話，變成「你是在諷刺我吧~諷刺我這種行為很可笑，不可愛！」

「你真的很厲害欸！」變成「挖苦我，也不必用這種方式。」

這些負面解讀，變成自我的扭曲，進而更不能認同自己。

雖然這些負面解讀可能讓我們在心裡有某種程度的難受，但不可否認，這卻是我們很習以為常，不假思索就產生的想法。

在與女兒爭寵背後，是深深的失落與不安全感

為什麼我們不自覺地將自己不喜歡的對待方式，加諸在別人身上時，卻有種快感？

在生命早期，我們是透過別人的回應，而認為自己是怎樣的小孩，而在我們獨立自主以前，若常被負面解讀，就容易變成負面的自我認同，例如案例中的狀況，當這位母親對原生家庭沒有歸屬感，於是投入另一個家庭，希望能有新的開始，但卻在婚姻生活不如意，以及溝通不良的情況下，進而將這種憤恨轉移到得寵的孩子身上，與孩子爭寵先生的愛。

她的爭寵並沒有讓她如願重獲先生吸引，反倒是讓她失去太太的位置。因為爭寵的過程中，她就像一個與其他小孩爭糖吃的小孩，她無法面對自己在關係中無解的

不安全感，導致對先生「一心究竟是向著誰」的患得患失心態更加嚴重，也就愈加對女兒吃味。

可她愈吃味，愈不把女兒放在眼裡，就愈失去母親在家中原本的位子。如此一來，也愈將先生推往與女兒同一國。她也一次次從自己身為「媽媽」的母職「角色」跌落為「姊姊」的「手足」位階，甚至要爬回太太的位置都顯得困難。當她卯足力氣、酸言酸語著與女兒較勁，已經下意識地想把女兒排除在外，意圖將女兒推離這個家。

這些對待女兒的手段，她實在再熟悉不過了。**當我們未能自我肯定的時候，最容易剝奪他人**。當年的她，就是在這樣的情況下，挺著大肚子離家嫁人。懷抱著夢想，期待有不同的結果，但無法獲得。

一段「你給，我收」的失衡關係

因為在原生家庭中僅有極少數的機會，感受過被愛與被肯定，所以長大後不斷渴求對方的「給予和付出」，甚至有時候明知對方無法兌現說過的承諾，卻依然蒙蔽自己。

「蒙蔽自己」是一種危險的心態，而會出現蒙蔽自己的狀況，前提是：

「將自己的自我價值和對方綁在一起。」

「認為對方就是自己。」

「對方好壞對錯，都要你扛。」

這些心態容易讓我們待在一段錯誤的關係裡無可自拔，甚至連認賠殺出的機會都視而不見。

案例裡的夫妻關係，是一種「先生猛力給，太太拚命要」的失衡關係，先生原先想拯救家庭的不溫暖，但當太太奮不顧身地嫁入這個家，他們的關係是建立在匱乏上，這樣的狀況，容易餵養出「貪食蛇——膨風俠」的危險關係。

對於膨風俠來說，他的全知全能是裝出來的，一般人一戳就破，一聽就知道不對勁，但對於貪食蛇來說，他們往往不假思索地相信。

在急於逃離原生家庭的心態中，貪食蛇的相信是很天真的，於是他們形成了「一個願打，一個願挨」的關係，而這正是複製問題的所在。

貪食蛇會慣於「要」，膨風俠會慣於「給」，但他們很甘願嗎？時間拉到長遠，失衡的關係不再滿足彼此，而只剩下習慣和索求。

關係中的兩個人，一方不敢承認自己累，一方不敢承認自己貪心。於是，兩人的關係早就漸行漸遠，緩慢壞死。

疼惜自己的練習（二）

你最常跟家人賭氣的事情是什麼呢？例如：

你不相信我有能力，我就做給你看；

你們都不懂我，那就算了？

你們既然要這樣，我就通通不要做，看你們會怎樣；

你們有什麼了不起等，

請試著寫出來。

，

，

在每一個賭氣背後，其實都有期待被理解的心情。這些難以言說的生氣、不被對方理解的傷心、降低期望後的不甘心，都有我們希望被珍惜和理解的地方。

因為賭氣，而失去理解和理解對方的機會，但**或許等冷靜過後，我們可以想想，我們希望被了解的是什麼，我們希望被珍惜的是什麼**。

其實，每個人都會傷心難過、低潮、不甘心，所以好好照顧、呵護自己的心情是非常重要的，因為「把自己愛回來」是我們自己的責任。有時候，你會發現對自己最殘酷的往往是自己。而當我們殘酷對待自己時，就容易遷怒或依賴別人，這都是因為希望對方來補足我們自我破碎的那一塊。

你屬於你自己，你不需要拿自己的人生去換取別人的愛和肯定。只有先把自己愛回來，你也才有能力愛別人。

「我和你媽離婚了，你要跟誰？」——依賴型

他想了一整夜。他究竟是比較愛爸爸？還是比較愛媽媽？

「不要讓小孩吃那個，他會生病。」太太一看到先生不知拿什麼東西給孩子吃，連忙出手阻止。

「小孩這樣吃，才會有抵抗力，我就是這樣長大的……」先生揮走太太的手。

「你如果弄到他生病，我就跟你沒完沒了……」太太挑高音量。

「我懶得跟你講話，反正你也講不通。」先生一說完這句話，太太簡直氣炸了。

從小擔心自己會被拋棄

小學二年級時，他的父母離婚了。

他記得那一天晚上，爸爸陪著他睡在雙人大床上。

爸爸對他說：「我和你媽離婚了，如果你想跟我，就轉過來抱我。」

整整一個晚上，他沒有闔眼。他哭了一夜。

最終他躺平身子，沒有轉過去。

「我該怎麼辦？」他其實想了一整夜，他是比較愛爸爸？還是比較愛媽媽？

清晨，他忍不住睏意而睡著。

等他起床時，爸爸已經不在身邊了。

其實，他很害怕，而他多麼想跟爸爸說：「我只是睡著了⋯⋯」

但他後來也開始氣爸爸，「為什麼你要我選？為什麼我只能選一邊？」

於是，他跟著媽媽生活，但痛苦的是，他已失去爸爸了，而身旁唯一僅剩的媽媽，也讓他難受不已。

當他渴望能像過去那樣對媽媽百般依賴、撒嬌時，往往會猛然想起，自己只剩下媽媽了。如果他像原本一樣地依賴媽媽，媽媽會不會覺得他很煩？他會不會被拋棄？而被拋棄是他最害怕的。

埋藏心中多年的恐懼

他想被好好疼惜與照顧，但心裡卻又有許多害怕與糾葛，以這樣的心情長大的他，在婚姻關係裡，往往一方面想要獲得照顧，但一方面卻又鄙視對方。

因此，當他聽到太太制止他給孩子吃東西時，他感受到被否定，所以忍不住發怒。他心裡的矛盾是，既希望太太能完全照料好家裡的大小事，但又害怕自己不被認可。一方面他期待太太是好好對他的大人，但又討厭太太把他當小孩管。

矛盾在心中發酵，變成欲拒還迎的埋怨：

「你怎麼什麼都不懂，還要來跟我說什麼？」

「我不想跟你計較，因為我比較有風度。」

「我懶得跟你講話，反正你也講不通。」

這些想法，始終在他心中盤旋著。

他用不成熟的態度和對方溝通，希望能依賴對方，但又批判這個對象，就像他希望對方夠強大到足以支撐他，又怕對方太強大到不需要他，而這也能解釋他為什麼會需要太太，卻又鄙視太太，因為他將童年時被羞辱和害怕自己不夠好的憤怒情緒丟到太太身上。

童年時的感受，宰制著他的婚姻關係

當他無法梳理情感上的矛盾心情時，他就會變得很鬱悶。他愈鬱悶就愈依賴，愈依賴，就愈容易被對方的話語所刺激、發怒。而當對方逃開，無處依賴時，他就變成自我貶抑。在這種患得患失的情況下，他很難面對自己，更難在心理上獨立。

所以，**當他口口聲聲說要給太太一個安逸、舒適的環境，**

他其實要的是↓「你給我一個安逸、舒適的環境。」

當他口口聲聲說我不會對你有任何要求時，

其實是↓「你要聽從我，不然會被我討厭。」

這種矛盾的情感在他心裡滋生，於是他永遠不會選擇讓他感到舒適、自在的人，因為他最討厭的人，就是他最喜歡的人。

但太太畢竟是太太，當先生要在如今的夫妻關係裡，去滿足自己童年時受傷且害怕被拋棄而不敢要的依賴心理需求時，注定會很艱辛。

當他說太太需要陪伴，其實是他需要陪伴，但當他說出這個需求，才有陪太太的理由；當他想要人關心，他就說太太需要關心，這樣才有機會關心太太，以保持連結的存在感。

但當這些都有了，他不是覺得煩，就是對太太有所怨言。這種矛盾和埋怨的感覺，在太太身上成立，也會讓他任性，但從頭到尾，他都在處理過去童年卡住的關卡，以及心裡想要卻要不到的矛盾依賴感。

我們在原生家庭受的傷

我們在原生家庭不能滿足的心願，以及從未說出的需求，當我們踏入婚姻，我們往往都會想在伴侶身上獲得。而這個心裡的小劇場，就牽引著我們怎麼跟對方相處。

我不值得別人對我好？

在一個離婚的家庭裡，父母往往會更需要確認與孩子之間的關係，但父母通常不會直接說出自己的需要，而會以下列的方式來表達：

「你應該要聽我的話，翅膀長硬了就想自己飛，你有把我放在眼裡嗎？」

「你都不關心家人，是要讓長輩傷心嗎？」

「你讓我很反感，你這種樣子，枉費大家這麼照顧你。」

這些話除了表面上的意思，往往還有一些含義，例如：

「你是多餘的。」

「多養你，已經很不錯了！」

「你怎麼還有這麼多要求？」

在這樣的家庭長大的孩子，常常也會覺得自己是多餘的，一如案例裡的他，「我一直在想，我爸媽離婚，是不是我害的？」但當別人對他好的時候，他又會覺得自己不值得，或自己沒有資格，但他心裡其實真正的渴求是，他也想像一般人一樣，獲得關注，被重視、被視為家中的一分子，如此而已。

患得患失的心情

對於某些父母離婚的孩子來說，如果他想倚靠身邊的大人生存下去，那麼往往會一邊察言觀色，一邊小心翼翼確保自己在家中的一席之地。

他想要討身邊的人歡心，以致失去自己，但其實並沒有人知道他要什麼。心裡非常空虛的他，常常患得患失。他希望獲得關注，希望被稱讚、被愛、被重視，為了達到這些，要他做什麼都可以。

他的世界被切碎了，他得不到適切的關愛，只能壓抑地藏著依賴的需求，仰望著別人的目光，被別人的評價餵養。像躲在面具背後的無臉男，隱形自己，顧全大局，但反倒交付自我價值，任人侵門踏戶。他壓縮自己，不認為自己理所當然來到這個世上，也值得好好被愛、被疼惜。

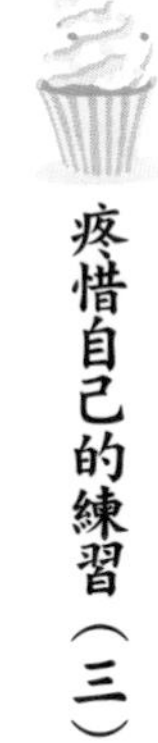

疼惜自己的練習（三）

父母怎麼對待你，的確會影響到你成為怎樣的大人，以及選擇一段怎樣的親密關係。

很多大人在他們的生命裡，並沒有被照顧得很好，於是透過和孩子的互動，彌補著自己過去的傷痛，但這其實會傷到孩子。透過彌補的行動，修復自己。

例如，有些大人看到孩子有依賴的需求時，他們會擔心如果自己對孩子沒有影響力，是不是孩子會不愛他們？會覺得他們不重要？當這份焦慮擴散到孩子身上時，就容易出現以下的狀況。

例如，一位自卑感很重的父親，當看到自己年幼的孩子做不到某些事的時候，他可能會忽略孩子遇到的困難，而不斷誇大自己過去有多厲害。**孩子因此會從父親身上看到自己不但無法跨越困難，甚至永遠比不上父親，這將複製出一個自卑又焦慮的孩子。**

父母其實無意要製造孩子的焦慮，但因為他們無法處理自身的焦慮、依賴心、挫折感和無力感，於是自我防禦，這反映出父母本身的依賴和不安。

孩子為了保住父母對他的關愛，既讓自己生存，也讓父母開心，因此大大忽略自己的需求。

當孩子選擇讓自己活在父母的陰影下，不想表達時，孩子也會更加陰鬱，且遮遮掩掩著自己對於依賴的需求，慢慢的，他們開始認為這個世界不安全，對身邊的人出現扭曲的想法，甚至**刺傷身邊也愛他的人，最後再證明自己不值得被愛**。

這樣的無限迴圈，彼此都很辛苦。

讓我們為自己默禱一段充滿愛和鼓勵的祝禱文。

給渴求依賴的你：

親愛的孩子，你忽視、遮掩自己的需求，只為他人開心，這真的很令人心疼。

但你是你，一個生下來就獨一無二的你，你的存在本身就是一個禮物。請不用畏懼他人的眼光，更不用擔憂自己不夠好、不夠優秀或不夠出色。

我們每個人都一樣。當我們遇到不順利的事情時，心裡都會害怕、會不敢再嘗試，這是很正常的反應，但如果可以，請對這個世界多一些信任，也請試著多相信自己一些。

你要相信，只要是你心裡浮現的感受和渴望，就都是重要的，也是值得被重視，更值得被好好呵護。

「我和你媽離婚了，你要跟誰？」──依賴型

親愛的孩子，誠摯邀請你，將那顆時時關注別人需求的心，轉而愛自己。請好好愛自己，這不需要任何原因，只因為你來到這個世界上，那就是一件很美好、很美好的事情。

親愛的你，或許多年以來，你都認為自己有責任為父母的人生解決問題，你也有責任讓他們開心，不讓他們失望。

但實情是，我們沒有一個人可以負擔另一個人的人生，就像是沒有一個人可以為你的人生負責一樣。

所以，你必須將父母的責任還給他們自己，他們得為自己的喜怒哀樂負責。而當你為自己的生命負責時，你也才有可能影響他們。

一直在等待爸爸認同的四十歲兒子——逃避感情型

他無法尊重自己，因為「尊重自己，就等於背叛父親」。

當講師多年的他，學生常傾心於他的風趣幽默、妙語如珠。但當他回到家，卻像個不會講話的木頭人。

「你不是都跟學生談笑風生，為什麼在我面前就變成啞巴？」

「我哪有？」

「要你開口很難嗎？你有什麼毛病？」

砰，他把門用力一關，轉身出去。

每一次，當太太說他有毛病，他就很難受，他也是有自尊心的啊。他到車庫開車，頭也不回。

不准有意見的男孩

他有個權威，不准孩子反抗的父親。每次他只要一提出自己的意見，就被責備。但最令人煎熬的是，即使他已經認同爸爸的意見，卻仍始終得不到爸爸對他的認可。

記得小時候到百貨公司，父親常會問他：「你要買哪個玩具？」但往往等他選好玩具時，耳後卻傳來爸爸的笑聲：

「選這什麼小孩子玩具，你已經不是小男孩了！」

「你應該要玩的是這個！」

他一愣一愣的看著爸爸幫他挑的玩具，心裡感到有些難受。

後來，當爸爸再問他時，他就不作聲了。

他害怕答錯，心中猜測著爸爸要他選什麼。

沒想到過了一會兒，爸爸卻不耐煩地跟他說：「身為男人，連選個玩具都這麼慢，你是能做什麼大事？」

老實說，他常有被玩弄的感覺，好像無論說什麼都錯。

他受制於爸爸，但又渴望爸爸。

只是，接收這份愛，好難。要爸爸帶他出去玩，爸爸卻幾乎忙得喬不出時間。他往往不知道爸爸哪句話是真的，哪句話是假的，或爸爸比較想聽什麼話。他時時揣度爸爸的心情，而當他反應太慢，又被爸爸取笑無能。

長久以來，他躲在爸爸的喜好底下，他不敢傾聽自己心裡的聲音。

他也無法尊重自己，因為「尊重自己，就等於背叛父親」。他認為做人要孝順，如果做不到孝，至少順吧！而當偶爾看到爸爸滿意的神情時，他也才能認定自己拿到爸爸手中「是個男人」的徽章。

一句「你還是失敗了啊！」最傷人

其實，他知道他想維護的只是爸爸的尊嚴而已。

他知道爸爸的人生並不順遂，媽媽在與爸爸結婚後，又回頭找她的前夫。

深夜裡，爸爸坐在客廳喝到爛醉，對他說：「告訴你，不聽我話的人，一定會失敗！你也是！」

但是，當他聽話、表現好，仍沒得到任何好話或肯定，他只會說：「你如果不努力，下次成績一定會掉下來。」

為了不要讓爸爸說中，他拚命考上第一志願。

他永遠搞不清楚爸爸的話，真正的用意到底是損他，還是幫他。

就像爸爸常這樣嫌他：「你看看你，當講師那麼多年了，你得到什麼？還不是只有兼任，你還是失敗了啊！」

這一句「你還是失敗了啊！」抹去了他所有的努力。他想向爸爸證明一切的努力，好像都成為虛幻。

他以為是爸爸不放過他，但其實不放過他的，是他自己。

他讓過往的傷痛一次次在他身上發生作用，他真正擔心與害怕的，是自己不被愛、不被認同啊。

我們在原生家庭受的傷

當案例裡的講師長期躲在父親的喜好底下，關上自己的感官知覺，盡可能避免去感受，一切以父親為尊的時候，他主動忽略自己的想法，一味照單全收。

爸爸鐵口直斷地損他，接著又高談闊論自己的高見，他當下逃避的是自己的不同意和不耐煩。他不是沒有自己的想法，只是他也顧慮爸爸，於是他把自己的想法藏得很深。他希望當他表現好，且賣力地討好父親後，能抒緩父親心中的苦，他因此也能獲得關注和疼愛，但長期下來，這似乎是種奢求。

男孩承接著父親內心的憤怒

但對一位男人而言，太太離開其實是一件打擊很深的事。而當一個父親無法處理這樣的失落時，很容易就將焦點轉移到孩子身上。

所以，當他看到孩子無法做出決斷，還在猶豫或考慮時，他對孩子說：

「你怎麼這麼無能。」

「你這樣做，一定會失敗。」

他將自己與孩子的成就和決定綁在一起，**他將孩子當成自己的延伸，無法承受孩子做不出決定的「軟弱」的打擊**，這些都是來自他內心的憤怒，他覺得自己完美無缺，而完美的人，不會有脆弱，所以他看不見孩子的需求、期待需要被協助的那一面。

一對無法愛彼此的父子

兩個原本想要維繫關係的父子，卻變成最遙遠的陌生人。孩子愛上父親的完美形象，不准他脆弱，追求和父親一樣的完美；父親愛上孩子的乖順聽從，不准他做自己，以填補內心的傷口。兩個逃避自己的人，他們都沒有能力愛上真正的對方，也無法接受真正的自己。

所以，身為父母必須要能有所覺察，當說出：「你應該要……不然你就會……」或是「你看誰誰誰，就因為不聽我的話，所以現在……」這些話時，那麼，**父母通常處理的並不是眼前孩子的問題，而是他們自己心裡的困境**，包括害怕失敗、害怕壞事再度發生……等。

這些害怕也包括：

一、他從小遇到事情不如預期而不知所措時，沒有大人在旁幫他分析。

二、他害怕孩子比他高明，那麼，他可能會被取代／不被敬重／或覺得自己沒有用。

三、當孩子能接納他的建議時，他有種複雜、忌妒的心情，一方面為孩子高興，一方面又想起過往的缺憾和傷口，進而給孩子另一道難題。

其實大多時候，我們在各種關係中會與對方較勁，跟對方過不去，那都是因為我們想要回一些東西，例如尊嚴、被愛、被重視等等。

這種狀況若延伸至夫妻關係，就很容易演變成：先生像個悶葫蘆，什麼都不肯說，就像很多太太都抱怨老公「婚前很會講，婚後像啞巴」。**當太太追著先生，頻頻要先生開口表態，那是因為太太想要回一些關注和愛。但要講真心話好困難，表達自己內心裡的真實需要也很不容易，所以太太寧可講酸言酸語刺傷對方。**

其實不講話的先生，多數是不想袒露自己的脆弱。對他們而言，把脆弱交出來是一件好可怕的事情，因為他們害怕一旦表達脆弱，會顯現出無能。

其實，這世界上沒有人完美。能使我們真正活著的，絕不是只有好看的那些，也包含那些醜陋的、骯髒的、羨慕、嫉妒、哀傷、困惑的部分。這些情感是通往內在的重要道路，當父親無法接受自己的脆弱，就容易將這些陰影面丟到兒子身上，想屏除及維護自己美好的那一面。

而**孩子的配合演出，也完美複製爸爸脆弱、逞強又壓抑的樣子，而孩子不會發現那些鄙視、小看他的話，其實大多數是爸爸講給自己聽的。**

疼惜自己的練習（四）

親愛的孩子，我想對你說，這樣不斷討父親歡心，卻始終得不到父親認同的你，真的格外令人心疼。

請試著拾回你自己的感覺與情感，你可以盡情的哭、盡情的笑，你不需要感到難為情，因為沒有人可以要求你漠視或逃避自己的感受與情感。

請記得你是值得被珍視的，你的憤怒，你的傷心，你的痛苦，這些都值得被理解，這些也是每個人的身上都會有的。你不用像小時候一樣傷痕累累，才能搜集到過關的榮譽勳章，更不用賭氣逞強，才能證明你夠好、夠行。你沮喪、低潮的姿態，無奈與嘆息的樣子，都是自然，且會發生的。

找回這些姿態，接納這些樣子，完整了自己，也才能真正愛自己、愛別人。

媽媽離家了，而我和爸爸是共犯——冷漠型

「是爸爸把媽媽逼走的」，如果不這樣想，那麼逼走媽媽的就是自己了！

小學四年級的某天放學，媽媽抓著她倉促地說了些話，她沒有聽得很清楚，只覺得腦袋鬧哄哄，接著媽媽拖著大大的行李離開家，從此沒再回來，這是一段她想都沒敢多想的記憶。

如今唸國中的她，在課堂上，老師拿著考卷，在她面前揮了揮，充滿怒氣的罵著，但她沒有感覺，沒想到，老師一情急，突然將考卷丟向她，她剎時覺得有趣，忍不住笑出聲。

老師覺得她無可救藥，失控的在走廊上對她大吼大叫，要她罰站，不准進教室。

最後老師還搖搖頭，朝她丟下一句「你沒救了」，身影就消失在人來人往的走廊。

當罰站的時間愈長，她的雙腳也幾乎麻了。

對於老師的責罵，她早就麻痺了，而她喜歡麻痺，麻痺多好，她終於不用一直想著「媽媽究竟會不會回來？爸爸好難相處……」這些令人窒息的問題。

覺得自己活該的女孩

「吃飯沒？」煙圈一朵朵，爸爸坐在他的旋轉椅上，沒有回頭。

「嗯。」她回家後把書包一丟，不想多說話。

「趕快去洗澡。」爸爸敲了敲手中的菸，灰燼掉落。

她往沙發一躺，只想懶散，不想做任何事。

真可恨，世界上就剩下她跟她爸爸，但她寧可自己一人，就算世界只剩下蟑螂和她，都好。她不要這令人生厭的爸爸。

「是爸爸把媽媽逼走的」，如果不這樣想，那麼逼走媽媽的就是自己了！

她不記得媽媽離去前交待什麼，卻對父母最後的衝突記憶猶新。那一次，爸爸吵不過媽媽，就使勁狠推媽媽的頭去撞牆。隔天，她卻也把媽媽激怒了，所以，她和爸爸都是共犯啊！

他們是父女檔嘛，同時都有留不住溫柔的天分，和激怒別人的基因。她覺得自己活該，逼走媽媽的下場，就是身邊只剩下「整天與台啤、彈珠檯為伍，怨天怨地的父親」。

我們在原生家庭受的傷

當父母在婚姻裡受挫時，孩子是無法逃脫這種氛圍的。

父母容易將婚姻問題轉移給孩子

家族治療大師莫瑞・包溫（Murray Bowen）曾經提及「家庭關係中的三角化模式」，意思是「當父母一方有壓力，回家的時候會不自覺的感染給另一人。例如爸爸回家，媽媽看到他臉很臭，他愛說不說，母親會感覺到他有壓力，這時壓力就傳給了媽媽。而**當孩子回到家，感受到父母之間說不開的壓力，以及媽媽的煩悶，此時，孩子自然而然將這份壓力接走**，於是我們很容易看到一對淡定的父母，和焦躁的孩子」。

這是家庭關係中所謂「三角化」很典型的情況。如果這個家庭持續以孩子作為解決的方式，孩子就容易產生一些症狀，而當父母愈焦慮，就愈容易加強孩子的症狀。

在夫妻不睦的時候，無論有沒有離婚，孩子都很容易在過程中吸收這些焦慮，進而定位自己在家庭中的角色。

孩子也很難從中發展出自我，並找出對自己比較好的選擇。

孩子將父母的問題攬到自己身上

孩子也很難從中學習到夫妻相處之道，因為他們從小得安撫爸爸或媽媽，並將家庭和諧的責任無意識地攬到自己身上，也因為這樣隱形的溝通模式，讓父母意外地將孩子拉入自己婚姻不睦的戰場。

這個征戰不是一朝一夕產生，可能是從小就明示、暗示了。例如，當父親對孩子說：「你跟我長得比較像，所以你應該也像我的個性一樣，很謹慎。你不要像媽媽那樣，神經很大條。」或常常帶孩子做另一半規定不能做的事情，如偷買玩具給小孩或在小孩面前責罵另一半，**這樣破壞夫妻與孩子界線的做法，都很容易讓孩子從中產生恐懼感**。

當孩子想拯救父母的問題

而當夫妻雙方都在爭論誰是誰非時，孩子能感覺到其中的角力，因此無法聚焦在自己的成長上，反而會努力地想拯救這個家庭。

一旦夫妻無法處理好婚姻關係，他們又對著孩子講婚姻裡的痛楚時，那一刻，他們反而就像需要幫助的孩子；但下一刻，當孩子不聽管教時，父母卻又變成嚴苛，指責孩子的父母，甚至有時還會對孩子說：「你怎麼這麼壞，讓我失望透頂了。」**這種傳遞失望的方式，言下之意是「我的痛苦是你造成的」，以及「你也是造成我痛**

苦的其中來源」。

當孩子難以消化這些控訴和指責時，他們就容易自我放棄，或養成過度壓抑的性格，而當孩子選擇不看、不聽，不想管，也不想理的態度時，為了生存，他們容易變得無感，不願意再多聽，或多為對方著想，這種彷若切斷神經，隱瞞自己對事情的看法和態度，就像掐住自己的咽喉，讓自己失聲，只為了從父母雙方互相指控及控制的戰局中，抽身而退。

疼惜自己的練習（五）

其實，**無論是父親或母親，當他們任何一個人離開時，都不是孩子的錯。**

以案例裡的女孩來說，她的傷痛很沉重，但當年若有人可以陪伴在她身旁，告訴她：「這不是你的錯。」那麼或許女孩不會將傷痛的包袱一直沉重地背在自己身上。

所以，**當父母有爭執時，身為孩子的我們，不妨想一想，自己在父母爭執中的處境，並試著以第三者的角度來觀看這場戰局，或許可以更清楚自己的狀況。**

如果我們不能處理好自己的情緒，就很容易將情緒投射到別人身上。這是一種自我保護，因為這樣我們就不用自我責備又做不好了，反而有立足點去指責別人做得不夠好。我們透過踩著別人的錯誤，來證明自己很不錯，如果對方依據投射配合演出，那麼情況就會變得更複雜，這樣的情況叫做「投射認同」。

投射認同是指我們將感受、需要或想法，在無法消化或者壓抑下來的同時，下意識地交給了另一個人。這種心理上的交換，就是將心理面的自我，切換到外面，所以我們在別人身上看不順眼的、討厭的，都可能是我們自己的一部分，也是我們無法忍受的特質。

夫妻雙方都必須重新接受那些被投射到對方身上的事物，並且為它們負起責任，這意味著，兩人都必須學會體驗那種矛盾，接受對方的好與壞，同時理解這些矛盾都是一個人內在的一部分，而不是完全切割，認為只存在對方的身上。

請你想一想，或許也可以寫下來：

你最無法接受對方的是什麼呢？通常是什麼時候、什麼狀況會發生？是否你發現自己身上也有這些特質呢？

＿＿＿＿＿＿＿＿＿＿，

＿＿＿＿＿＿＿＿＿＿。

當新的一天即將展開時，請寫下來，今天的我想與昨天有何不同。

有哪一些關於過去的想法或經驗，是想留在昨天？而你對今天又有哪一些想法與期待？

＿＿＿＿＿＿＿＿＿＿，

＿＿＿＿＿＿＿＿＿＿，

＿＿＿＿＿＿＿＿＿＿。

你需要給自己多一些的安靜，好讓你沉澱浮躁的思緒。

你需要給自己多一點的擁抱，擁抱那曾經無能為力的自己，擁抱那曾經對自己失望或感到無助的自己。

或是找一位你信任的朋友，對他訴說，這些你內心裡的聲音。

「沒關係，反正我就是沒人愛。」──情緒勒索型

在華人文化的生活裡，我們往往被教育：不要跟別人辯駁，要忍讓，要犧牲……而這些特質更助長情緒勒索的發生。

「老婆，我今天可能會忙到很晚，先跟你說一聲了。」

「是啊……你的唱片事業最重要，儘管去大紅大紫啊，反正家庭不重要嘛。」太太一臉不滿地說。

「我這樣拚命，難道不是為了這個家嗎？」

「沒關係，反正我就是沒人愛，我條件這麼好，也不是非你不可……」

他實在受不了太太。有時候，他會賭氣地跟太太說：「不然你去嫁給你說的那個

人啊！」

結果太太瞬間一把鼻涕一把眼淚，哭個不停，他只好不斷的好言哄著。

雖然老是安撫著太太讓他不免有些抱怨，但他卻也下意識地認為自己「真能幹」，「居然可以把這麼難搞的人，應付得這麼好」，以及「太太這種人就是只有我才能處理得來」，甚至他還享受著一種「太太永遠猜不透他在想什麼」的樂趣。

常覺得自己不夠好的男孩

其實，這種感覺他並不陌生。

他的爸媽常對他說：

「你對爸爸講話怎麼這樣？」

「我們家常被瞧不起，你都沒想過我們為你承受多少，你真不知感恩。」

「你身為晚輩，就不應該……」

「反正你長大了嘛，有自己的意見，你想的都對。」

「你不按照我的意思去做，就是不孝。」

「養你這麼大，有什麼用？」

「你看人家隔壁老梁，兒女多孝順，不但跟進跟出，過年紅包也好大一包。」

「我做這麼多就是為你好，不然你走啊，丟下老父老母，走啊……」

他很不喜歡這樣，父母的每一句話，一方面把他貶低得一無是處，一方面卻又挑動著他怕做不好的罪惡感。

於是，他常感到自己不夠好，覺得是自己的錯，才會被嫌棄。但因為說話的人是父母，他也不能說什麼，因為說了就好像自己是一個很愛計較、很不像男人的人，而且更可能又會被挑剔、被瞧不起。

我們在原生家庭受的傷

在華人文化的生活裡，我們往往被教育：不要跟別人辯駁，要忍讓，要犧牲……而這些特質更助長情緒勒索的發生。

讓人難以逃脫的情緒勒索

什麼是情緒勒索？對情緒勒索者來說，因為他們對於自己成長經驗或生活中的沮喪、無力，沒有能力面對與處理，於是，他們常用卸責的方式，將無法消化的沮喪、無力往外丟，抱怨別人做不好、做不到、不會想等，試著制住被勒索者。

也因此，他們不太在乎消耗他人，也不珍惜別人為他妥協和犧牲，甚至認為對方是應該的、欠他的。如果對方不從，他們就羞辱對方，甚至聲淚俱下，袒露弱處，以達到「要別人來解決自己人生困境」的目的。

第一位提出「情緒勒索」一詞的學者是蘇珊・佛沃（Susan Forward），她以FOG（迷霧）一詞來表示以下的三種狀態——恐懼（Fear）+義務（Obligation）+罪惡感（Guilt）。被勒索者常莫名其妙的被索求要付出，他們感到無助，但卻也不曉得該怎麼逃脫。

他們害怕傷害對方的情感，或者讓對方難過，但從沒想過對方加諸在他們身上的是一種慢性的毒物。最糟的是，當你提出抗議和反彈時，還會被說：

「當初也是你自己要做的，又沒人逼你！」

「唉呀，一個願打，一個願挨，你就多擔待一點啊！」

「你以前都可以接受，為什麼現在不行？」

這些話，往往讓被勒索者更難以求助。

什麼樣的人特別容易被情緒勒索？通常有以下五種人：

一、**自卑的人**：自卑的人，也是渴望被對方認同的人。只要對方一對你不滿，你就會放下自己的事，全心全力讓對方開心。

二、**過度負責任的人**：這種人常認為凡事都與自己有關，只要對方說是你的錯，或你也有責任，你就會將責任扛過來，但其實那根本與你無關。

三、**貶抑自己的人**：這種人常因為別人的輕蔑或鄙視而痛苦，所以只要感受到一絲絲被貶抑，他們就覺得自己很差，並且認為「是我沒用、是我不夠好」。

四、**習慣壓抑的人**：這種人不喜歡吵架，他們凡事忍讓，也認為自己不應該大動肝火，所以寧可以對方為主，希望大事化小，小事化無，最後相安無事。

五、**過度同情他人的人**：這種人有氾濫的同情心，認為人溺己溺，所以讓對方一下又何妨，但這一讓步，可能被軟土深掘，從此就很難脫身。

他們的共通點就是「用妥協的方式讓對方高興」，但殊不知勒索者並不會因此善罷甘休，他們會愈發予取予求。

七個步驟，擺脫情緒勒索

情緒勒索者普遍存在你我的生活裡，當他們得不到他們想要的，他們就會控訴對方，對他們不好、不愛等等。因為他們的自我是破碎的，所以他們永遠都覺得自己不被愛、不被尊重，但其實最終的問題與關鍵，都在他們自己身上。

如果我們是被勒索者，那麼，我們可以依照以下七個步驟，調整我們與他們互動的方式：

一、**看穿勒索者永遠是無法被滿足的**↓以減少我們付出更多。

二、**停止繼續餵養勒索者**↓先撤回關愛，看對方的反應，你就會知道他是在乎你是否累了，過度負荷了，還是只要你無條件的持續掏心掏肺，只為了維護他的舒適圈。

三、**承受一段期間對方的勒索者的抗議和控訴**↓這段時期可能有點長，你或許也覺得有點難受，但總比你一輩子被勒索來得好。

四、**關起耳朵和感官**→人生還有其他事可以做，所以先暫時離開現場，並且不要被他的控訴影響。

五、**漠然，不接受利誘**→勒索者通常會在控訴和利誘兩者之間不斷轉換，而且這個轉換會反覆，你可以將自己與他們再拉開一段距離，觀察他們。

六、**建立新的連結**→在這個步驟裡，你要假裝聽不懂勒索者的言下之意，然後增加自己內在自我的強度，不要再度被情緒化的指責、鄙視或突如其來的稱讚給拉扯住。

七、**拿回應有的自尊**→你來這世上不是讓人如此對待的，請記得不解釋、不反駁、不隨意道歉。

疼惜自己的練習（六）

在我們的文化裡，「當好人」也很容易成為被情緒勒索的對象，你是以下的這幾種人嗎？請勾選出來。

□對於重要的人提出的要求，要照單全收，否則我就是個糟糕的人。
□因為害怕衝突，不喜歡爭吵，所以總是息事寧人。
□我需要對方肯定我，否則我就是個不夠好的人。
□如果我不幫他，我會被到處批評、被說壞話。
□如果我不幫他，他會生氣，或悶不吭聲來抵抗我。
□如果我不幫他，他會活不下去。
□如果我不幫他，他一定會很慘。
□如果我不幫他，他會鄙視我，對我失望，我無法承受。
□如果我不幫他，他一定會覺得我很小氣，但我自認是大氣的人。
□我的能力這麼好，他的事情，我非處理不可。
□我不應該對一個這麼軟弱的人發怒，這樣有失我的格調。
□他都已經開口提出請求了，所以我應該要幫忙，沒有什麼是我做不到的。
□跟他爭論真的很累，我還是趕快屈就服從，省事又省時。
□他很不可理喻，還輕蔑我，那麼我就一鼓作氣做給他看。
□做人就應該退一步著想，不要跟人家爭，能多做就多做。

□我這人不容被質疑，只要被懷疑，我就要證明給對方看。

□我要證明給你看，我不是你講的那樣，我才不要被你說中。

□我已經這麼努力了，他應該有感覺吧！他應該會改吧！

□＿＿＿＿＿＿＿＿＿＿＿＿＿＿。

如果你勾選了七項以上，那麼請收掉你的同情心，因為此時該是把責任還給對方的時候了。

也許，我們每個人都有自己的問題存在，而幫助情緒勒索者最重要的是，讓他們有機會整合自己破碎的自我。我們無法停止他往外丟出那些不實際的控訴，但是我們可以停止接住這些想法。

停止對方對你予取予求的練習

請就案例裡的狀況，來做以下的練習，請你在「內心想法」的地方揣測太太（勒索者）心裡真正想要表達的內容，並寫下來：

例如：

一、「是……你的唱片事業最重要，儘管去大紅大紫啊，反正家庭不重要嘛。」

內心想法↓你這沒良心的人，居然敢以自己的事情為重，辜負我、辜負這個家，你真是太糟糕了！

二、「如果你不來載我，就是沒良心！」

內心想法↓你本來就有義務要對我好，只要你拒絕我，就是沒良心、很失敗。

三、「對，我瘋了，人家老公都可以做到。我就是瞎了眼，才會嫁給你！」

內心想法↓我管你要幹嘛，別人可以，你也要可以。你就代表我的面子，你行，才代表我很強，你不行，就代表你很糟。

四、「沒關係，反正我就是沒人愛，我條件這麼好，也不是非你不可……」

內心想法↓＿＿＿＿＿＿＿＿＿＿＿＿＿＿＿＿＿＿＿＿。

五、「如果你對我真有心，為什麼做不到？」

內心想法↓＿＿＿＿＿＿＿＿＿＿＿＿＿＿＿＿＿＿＿＿。

六、「反正你們長大了嘛，有自己的意見，你們想的都對。」

內心想法↓＿＿＿＿＿＿＿＿＿＿＿＿＿＿＿＿＿＿＿＿。

七、「養你這麼大，有什麼用？」

內心想法↓＿＿＿＿＿＿＿＿＿＿＿＿＿＿＿＿＿＿。

八、「你看人家隔壁老梁，兒女多孝順，跟進跟出的，過年紅包還好大一包。」

內心想法↓＿＿＿＿＿＿＿＿＿＿＿＿＿＿＿＿＿＿。

九、「我做這麼多就是為你們好，不然你走啊，丟下老父老母，走啊！」

內心想法↓＿＿＿＿＿＿＿＿＿＿＿＿＿＿＿＿＿＿。

十、你生活中常聽到的情緒勒索語言：

內心想法↓＿＿＿＿＿＿＿＿＿＿＿＿＿＿＿＿＿＿。

當你寫完，請你把「內心想法」裡的內容撕掉，並且告訴自己，盡可能忽視你揣測到的訊息。

面對情緒勒索者，你的反應愈快，愈自以為聰明，就愈容易掉入這種進退兩難的陷阱。請記得，裝作聽不懂，並不斷重複「我不同意你說的！」「你說的只是你認為的。」

然後，想一想自己是心裡哪一個部分被勾動了。整理好自己，增加內在自我的強度，才能面對這種無賴又無理的控訴和指責。

自己居然和當年憤怒的爸爸一模一樣！——火山爆發型

他活得小心翼翼，因為害怕違反父母的期待或要求。一旦違反，就會導致自己不被喜歡、被排拒，甚至被拋棄。

「你真的很奇怪，連外面餐廳的餐具、桌椅，也要擦成這樣。這家餐廳明明就很乾淨啊。」先生受不了太太一進餐廳，就拿紙巾擦個不停。

「外面的餐廳當然都是髒的啊，裡頭有多少細菌都不知道。如果現在小孩不養成好的衛生習慣，什麼時候才要養成？來，小傑，手伸出來……」太太絲毫不理會先生的抱怨。

小傑正想伸出手，但當他看到生氣的爸爸時，他猶豫了起來。

沒伸出手，媽媽會不滿意，但伸出手，小傑也很害怕，因為他見識過爸爸在外隱忍怒氣，回家後動手打人的模樣。

左右為難的男孩

小時候，當他一不從媽媽的願，就會被媽媽指責：「你這小孩怎麼這樣？」但爸爸卻會轉頭對他說：「你別聽她的，你媽不過是一個自以為是的女人！」

他看向右邊的媽媽，又看向左邊的爸爸，他不知道自己到底應該聽誰的，他多希望自己不需要做這樣的決定。

他覺得從來沒有人關心過他是怎麼想的。在父母的角力中，他很害怕衝突，也很害怕父母對他的指責。他無法承受父母搖頭、對他失望的樣子，所以他一直很努力上進，極力排除這種感受。

總是夾在父母中間的他，對於父母之間的冷嘲熱諷，雖然已經習以為常，但對他們不斷的衝突，卻感到厭煩。

矛盾、壓抑的男人

當他漸漸長大，他期許自己能常討女友歡心，但當女友對他有所要求的時候，他心裡卻有一個很大的矛盾，也就是「**一方面想滿足女友，但另一方面，卻又害怕被女友控制**」。

他常常壓抑著自己的怒氣，想處理自己說不清楚，也講不明白的煩悶感，但卻非常困難。他忍著不說，因為他想當一個有風度的男人。

在一次出遊中，女友要求他洗完手腳後再上床睡覺。他瞬間覺得女友在排斥他，嫌他髒，他油然而生一股莫名的怒氣，想起當年媽媽嫌爸爸的情景，他站在床的那一頭，失控地對女友怒吼：「我是有多髒？你是又有多乾淨？」

他猛一回頭，看見女友驚嚇、無辜的臉，才發現自己居然和當年的爸爸一樣失控。

夫妻之間的日常，通常不像童話故事中的幸福、美滿，有時甚至常常感覺一下在天堂，一下在地獄。

曾有人說：「男人因為害怕被女人放到子宮裡控制，所以給女人一個孩子，讓女人去忙。」當一個男人挑剔女人、嫌棄女人，其實有時是源自於過去被母親叨唸、被媽媽要求時的回擊；而有時候是希望女人可以為他所控制，永遠崇拜他，不要嫌棄他。

若是表現在性方面，如果被叨唸的男人常感到自己表現得不夠好，為了不讓女人有機會嫌自己，就不給女人性或性高潮；而女人，為了不讓男人得逞，就在生活細節中有更多的掌控，例如環境的整潔、孩子的一切等，雙方都對彼此不滿意，自然也無法面對這樣失焦的溝通。

而當以這樣的狀況呈現在管教孩子上時，就會變成「誰比誰行，誰能制住誰」的優越感之爭，也可能延續戰火，變成誰比較會籠絡孩子、孩子比較聽誰的話。在大、小紛爭中，不斷讓孩子選邊站，讓孩子為難。

當孩子成為夾心餅乾

家族治療大師卡爾・華特克（Carl A. Whitaker）曾說：「在婚姻關係中，會遇到許多過渡時期，這些過渡時期往往讓夫妻雙方都難以招架。觸礁時，他們如果不是一起成長，就可能是漸行漸遠，從來沒有中間路線。」

當夫妻失和的時候，家庭裡的規則就容易有兩套標準，甚至有更多意見在其中干涉著。

如果我們先排除阿公、阿嬤的介入，單就夫妻間的立場不一，例如一方常以訓斥的方式對待孩子，但另一方卻反對這樣的方式。在這樣的狀況下，孩子其實是非常兩難的。有可能最後教養出「異常聽話，卻無法獨立自主」的孩子，或「異常不乖，讓父母身心俱疲的孩子」。不過，這兩種類型的孩子也可能同時出現在手足之間，其中一個特別聽話，另一個卻特別反骨。

但是，**這兩種類型的孩子，都有一個令人心疼的共同點，就是他們都在幫助父母解決父母之間失和的問題。**

在孩子的發展中，他們會經歷兩個「自主的階段」。第一個是三到六歲，他們開始事事想要「自己來」，學著父母的日常動作和習慣，這與他們想突破自我有關。也由於三到六歲的孩子，正處在學習「判斷是非對錯」的階段，所以當他們有穩定的父母，自然就可以學會哪些事情可以做，哪些事情不可以做。

至於失和的父母，因為他們常將心力放在另一半身上，所以無法注意到孩子需要的引導，甚至我們還常看見當一對夫妻在爭執誰對誰錯時，他們反而回頭問孩子的意見，或要孩子立刻選邊站。

父母瞬間變成了孩子，孩子變成大人或家事庭中的法官，但事實上是沒有實權的人質，最終只得淪為家庭紛爭裡的傀儡，因為他們根本還沒發展出健全的自我。

無法活出自我的孩子

這類型的孩子，他們的情緒常常與父母的情緒混淆在一起。他們做事時，很難想到自己的心情，更遑論想到立場和權益。

某些孩子，性格較為優柔寡斷，就很容易把別人的事當作自己的事來處理，從沒考慮自己的感受或需要。

他們往往活得小心翼翼，因為害怕違反父母的期待或要求，一旦違反，就會導致自己不被喜歡、被排拒，甚至被拋棄。

孩子的第二個自主和建立規矩的階段，大約是六歲時，此時的孩子已經可以聽得懂一些道理，所以建議父母在教導這階段的孩子時，必須對孩子解釋清楚「為什麼這件事不可以做」，而不是只情緒化地說：「你為什麼要讓我失望？」「我不要你了！」「你不是我家小孩……」這種模糊的訊息。

因為**這種訓斥的方式，會讓孩子待在罪疚感裡**，他們只知道自己讓父母不高興了，但卻無法以客觀的訊息，來理解他們做錯了什麼事，以及父母為什麼生氣。

當孩子無法消化這些內在的困擾，他們的反彈有時會反映在生理上。例如，我們會看到「震怒型的父母」，他們往往有「咬指甲／尿床的焦慮型小孩」，或「火山爆發型的情緒化父母」，有著「常常體弱生病的孩子」，這些都是在父母失和的狀況下，延伸到孩子身上的問題。

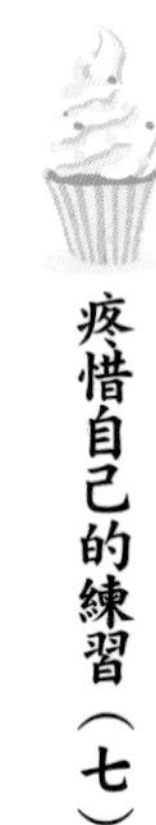

疼惜自己的練習（七）

面對伴侶，我們總希望自己在對方眼裡是一個可以溝通，且深愛對方的人，但為什麼面對我們最愛的人，我們有時卻會突然發脾氣，且成為尖酸刻薄、口不擇言的人？

請製作一本「真話筆記本」。

其實，每個人的每一種心情都是很重要的，無論是沮喪、憤怒或忌妒等等，這些心情都有產生的原因，也都渴望被懂、被理解，以及最重要的——被接納。

所以，當伴侶說出你覺得讓你傷心或憤怒的話時，請把它寫在真話筆記本裡。

例如：當你聽到另一半說你很糟，你想回：「你才糟吧。」請把這句話寫在真話筆記本的第一句。

____。

接下來，請你想一想：

Q：為什麼當另一半說你________________________時，你會如此生氣？

A：因為你想到，「她是在嫌棄你，覺得你不夠好。」

Q：為什麼另一半說你不夠好的時候，你會如此生氣？

A：因為你覺得這是一種恥辱，很像被覺得是次等的、低劣的。

Q：當你被覺得是次等的、低劣的時候，為什麼會如此生氣？

A：因為你覺得很難受，也才發現自己原來在另一半眼裡竟是這樣的人。

所以，當你感到難受、被貶低的時候，就會非常生氣。

正確的說，應該是「雖然你表現得非常生氣，但其實是當你被親愛的人嫌棄時，心裡感受到巨大的難過與痛苦」。

真話筆記本的功用就在於此，它幫助你整理這些「反應」背後的「真實心情」。

你可以從最近的一次難受或挫折的經驗開始記錄起：

當他說我＿＿＿＿＿＿時，我的直覺反應是＿＿＿＿＿＿。

Q：為什麼當我聽到＿＿＿＿＿＿，我會＿＿＿＿＿＿。

A：因為當我聽到＿＿＿＿＿＿，我感覺＿＿＿＿＿＿。

Q：為什麼當你聽到＿＿＿＿＿＿，你感覺＿＿＿＿＿＿。

A：因為我覺得（不被重視、不被愛、不被喜歡、被嫌棄、被貶低、被排斥、被覺得無能）＿＿＿＿＿＿，我感到很（難受、失望、挫折）＿＿＿＿＿＿，所以我＿＿＿＿＿＿。

＿＿＿＿＿＿＿＿＿＿＿＿＿＿＿＿＿＿。

Q：原來你是因為＿＿＿＿＿＿＿＿，感受到＿＿＿＿＿＿＿＿，所以你選擇＿＿＿＿＿＿＿＿。但其實，你最想要被對方了解的是＿＿＿＿＿＿＿＿。

A：＿＿＿＿＿＿＿＿。

其實，伴侶之間常會有彼此誤傷的情形，有時候是基於過去父母的回應，有時候是怕自己不夠好，但**唯有回歸到自己身上，「找到自己的引爆點」，以及「引爆點背後的難受心境」，那麼，才有機會讓傷痛被看見，以及被療癒。**

請記得，「自我」是來自於你自己，是來自於你對自己的看法與評價。

別人的意見或看法，請僅止於參考，別將他人對你的看法，牢牢像標籤般，貼在自己身上。

因此，當他人對你說：「你很棒。」固然值得你開心，但當他人對你說：「你很糟。」或「你真沒用。」時，也別就因此否定自己。

媽媽是他和太太之間的地雷——放棄溝通型

他沒有發現的是，他一輩子都在當媽媽的侍衛。

「你看看你，多糟糕，只是洗個碗，你都沒洗乾淨？」先生才剛下班回到家，就聽到太太劈里啪啦的抱怨。

「就只是洗個碗，需要這麼大聲嗎？」

「為什麼不能講？你媽是怎麼教你的？」

聽到她歸咎於「家教」，他轉過身去，丟下這句：「隨便，你要這樣講，我不想再講了！」

每一次，太太只要與他吵架，就會說起他媽媽，這讓他非常反感。

太太這樣講他的媽媽，他覺得很丟臉

他很清楚母親的為人。身為兒子，他從來不准任何人輕蔑他媽媽，他覺得媽媽再辛勞都是為了他們。

而身為次子，媽媽也常對他耳提面命，「我當時不離婚，就是為了讓你們有個完整的家，不然你爸爸那種個性，誰受得了！」

的確，當年光是消極、愚孝的爸爸，默許婆婆每天冷嘲熱諷對待一個剛嫁進來的年輕女人，遇事都挑剔「媳婦什麼都不會做」。若不是媽媽咬牙堅持下來，那麼，他相信他和哥哥，不會如此優秀。

所以，他不能容忍別人講他媽媽，而且「太太這樣講他的媽媽，他也覺得很丟臉」。但他沒有發現的是，他一輩子都在當媽媽的侍衛。

也許，母親承受的苦，成就了他，更成功地成為他生活的動力，但卻也成為他在太太和媽媽之間最進退兩難的地雷。

我們在原生家庭受的傷

我常常會接到夫妻諮商，如果其中一方說不過對方，又無法舉出例子，說明「他有多差、他有多糟糕」時，往往就會把對方的家人一起拉進來。

「我跟你講，在他家，他爸也這樣，他媽也這樣，所以他們一家人都見怪不怪，就我最怪……」

其實說的一方，有時可能只是想要打圓場或想舉例說明，但在關係緊張的夫妻之間，卻可能變成罪加一等。

因為在被說的一方耳裡，聽起來不只是酸溜溜，簡直是火上加油。

把家人拉進來，容易讓爭吵失焦

「你的意思是，我們一家都沒救了嗎？」

「你扯太遠了，我不想講了！」

在夫妻的爭執中，「把長輩拉進來」和「翻舊帳」一樣，都最容易讓爭吵失去焦

點。因為除了不但自己被責罵，還失焦的牽連到自己的家人，這樣的狀況，讓對方更容易把心關閉起來，不願意再多做解釋。

請想想，當太太說：「我跟你講，你再這樣，我就跟你爸講。」先生也不甘示弱回應：「你去講啊，我也去跟你媽講，你有多難伺候。」這樣不成熟的行為，凡事還要拉爸爸媽媽來擔任判官，判決誰對誰錯，不但讓婚姻中兩人的衝突，延燒至兩家，容易陷長輩於不義，也顯示這對夫妻的不成熟。

試想，當長輩被賦予法官的職責，非要判斷出你對我錯，或是當和事佬時，其實很難平息夫妻之間原本的爭執。畢竟清官難斷家務事，更何況冰凍三尺，非一日之寒。

有時候長輩怕太偏袒了自己的孩子，所以就說通通是自己孩子的錯；或者長輩怕對方予取予求，於是為自己的孩子講話，想緩頰，但在另一方耳裡，聽起來難免覺得有些偏心；有些長輩決定不涉入其中，這是最佳的做法，但卻也最容易引起晚輩的怨懟。

夫妻迴避衝突，卻無法真正解決問題

不過，當我們將各自的爸爸媽媽拉進來，並急於找人來評理時，這到底是幫忙，還是幫倒忙？

當我們吵不過對方，於是要跟對方的爸爸媽媽講，可能是覺得：

「眼前這人沒救了，他的家人也許比較容易說動他。」

「覺得自己比較有理，對方的爸媽也許會支持我。」

「希望透過長輩的壓力，讓對方接受。」

但**這樣的溝通，其實反而會破壞彼此溝通的界限，容易造成「讓對方感到更不被信任和不被尊重」，以及「感到被施壓，所以反而更不願意讓對方如願」**。

如果對方是在被施壓、不被信任，也不被尊重的狀況，那他就愈不可能依你的想法去做。當關係已經很緊繃，好像一觸即發，此時再扯進雙方的長輩，也許一時之間，可以轉移或緩衝彼此衝突的張力，但並沒有解決問題。迴避衝突的結果，讓本來是兩人的征戰，變成一群人的攪和。

夫妻之間有吵不完的家事分工、金錢分配、花費的價值觀、性需求的滿意度、對養兒育女的態度和信念、生活品質的要求和最低限度等等，有太多層面可以意見不合，往往需要兩人不斷溝通、協調與磨合，並不是長輩出面就能解決的。

在我的諮商實務經驗中，一如案例裡的夫妻，「神經質母親——消極型父親」是一種很常見的夫妻配對，不過，有時候反而是相反。

總之，就是其中有一方特別有能力，且事事要求完美。他們盡可能讓自己很傑出，並且也希望別人能夠看到他們很厲害。他們獨立且自豪，將很多事情處理得很妥當，甚至也喜歡安排孩子的生活。

消極型的人則是有種消極、放任的心態，他們對任何事情都不會太在意，但當與伴侶發生不愉快時，在情緒高漲的狀況下，他們更容易選擇去做自己的事情，以隔絕一切，或默許衝突發生，並離開現場。

於是，長久下來，一方有愈來愈多的神經質和控制，另一方則愈來愈傾向離開現場，並表現出一副無所謂的樣子。

擺脫父母在身上的烙印

當孩子身在其中，容易因為認同的關係，就選擇自己認為有道裡的一方。有些孩子認為無作為的一方很有風度，羨慕他怎麼樣都不沾鍋，那麼，他可能就會成長為一個面對衝突時，選擇逃離現場的大人；而有些孩子則是心疼神經質的一方，事事求完美，扛下許多責任，那麼，他可能會變成扛責的一方。

不過，無論你認同誰，這都是我們在下意識就已經選擇的。**當對方指責你或你的父母時，請冷靜的察覺有哪些是你的過度反應，而有哪些是你想捍衛的**，適時的與對方溝通，才不會讓過往父母相處的陰影，仍然烙印在你的身上。

疼惜自己的練習（八）

當我們變成家人的眼中釘時，我想沒有人心裡是好受的。而以案例裡的先生為例，當太太又提到自己的媽媽時，**他能做到的是，學習不將問題過度延伸**。

認知心理學家貝克（A. Beck）提到我們一般人面對問題時，常常會出現八種扭曲的狀況，這會讓我們將問題不經意的擴大，不但因此自己嚇自己，而且對世界也會感受到許多不安全感。

你是否也有以下的狀況呢？

一、**二分法思考**（Dichotomous thinking）：認為想法只有好和壞、成與敗、對與錯，**這種是非分明的分類，少了彈性和中間地帶**。

例如：我婆婆很討厭我，想必未來的日子，我一定會很慘烈。

↓雖然婆婆對你不是很滿意，但那是她的想法，你無法控制。儘管如此，日子也不會過不下去，所以別太早下定論。

二、**過度類化**（overgeneralization）：藉由一些少數的例子，做全面性的推論，自己嚇自己。

例如：我朋友的婆婆很不喜歡她。我嫁人後也一定會被挑很多毛病。

↓看到朋友的例子，讓你很擔憂，但**每家的情況不同，你別因此打擊自己**。

三、**選擇性摘要或斷章取義**（selective abstraction）：只記得缺失處，就藉此定義這個人、這件事。

例如：過年時只因為少準備一道菜，婆婆就拿來說嘴，講個沒完，只要看到不同的親戚，就數落我一次。我覺得她就是專愛挑我的毛病。

↓這次過年的事，缺一道菜，雖然有點美中不足，但整體而言，還是有九十五分，你婆婆可以擴大這個缺失，但別忘了，若你盡力，**你要打從心裡肯定自己，並提醒明年記得就好**。

四、**誇大與貶低**（magnification & minimization）：對事情容易採取放大，或減輕它影響力的看法。

例如：我是新時代的女性，居然還會怕長輩，這真是太孬了，也愧對我麼前衛。

↓怕和敬重不同，也許就是因為你身處的時代，讓你更有反思的機會。而且每一個家庭的狀況不同，你身為女性主義者，其實可以了解過去女性所受的苦，這也許**讓你在面對自己的家庭時，有更多的彈性與反思**。

五、**應該與必須**（shoulds & musts）：凡事都有自己認定一定要怎麼樣的做法和規則。

例如：我應該要每件事情都做到讓她滿意，讓她無可挑剔。

↓沒有什麼事情是應該的，也沒有什麼事情是一定要怎麼做，才能被認可。

六、**貼標籤**（labeling & mislabeling）：對於事情的看法，容易聚焦或定義在負面的想法上，並進而認可這想法。

例如：我婆婆認為我配不上她的兒子，我是個廢物，帶出門會丟臉。

↓**她用這種觀點來看待你，你不應該就接受這個標籤，並且貼在自己身上**。

七、**個人化**（personalization）：過度將事情攬在自己的身上。

例如：如果不是我出現在他們家，婆婆和先生可能會相安無事，不會吵架。

↓**你和先生結婚，並不是單方面的決定**。他選擇你，你也選擇他，雙方心甘情願。**別過度將這種觀點攬在自己身上**，自討苦吃。

八、**隨意推論**（arbitrary inference）：事情沒有證據，卻妄下結論。

例如：婆婆都忽略我說的話，我想她一定是看不起我，把我當空氣。

↓「婆婆忽略你」和「看不起你」之間的關聯是什麼？**即使她忽略你說的話，但你還是有說話的資格和權益**。

其實我們都很容易過度承攬問題，或擴大問題本身的嚴重性，但某些痛苦其實是我們自己選擇來的。

真正該做到善待自己的人，就是我們自己。也許，在與伴侶相處時，我們無法避免爭吵，但請記得，**別因害怕而攻訐對方，請好好跟對方說說我們心裡的「害怕」**，這樣也能讓我們的愛更靠近。

兒子二十五歲了，媽媽還不准他交女友——代替型

從四十歲那年開始，她已經將孩子變成先生的替代品。

「媽，我都二十五歲了，為什麼還不能交女朋友？」

他正幫忙拿藥給媽媽，但其實心裡一直想開口問媽媽，這深植他心中多年的疑問。

只要一回到家，他大部分時間都在陪媽媽，如果出門，他也會將細節鉅細靡遺地告訴媽媽，因為媽媽總是會等他，即使累到已經在客廳打瞌睡，也要看到兒子回來，她才放心。

他知道媽媽對他的依賴，是來自於長久以來對於家庭沒有歸屬感和安全感。媽媽

最害怕的事情就是身為獨生子的他會拋棄她，於是，他總跟媽媽說：「不會發生這種事。」但無論他怎麼保證，媽媽都無法相信。

「你看，你爸只會往山上跑，也不管我膝蓋不好，只能在家……」媽媽一邊說，一邊無奈搖頭。

「你看，你爸對我這麼不好，枉費我們結婚二十多年。跟你講，男人很可怕，都會變，你可千萬不要騙我，讓我傷心……」

每當媽媽這麼對他說，他就更不敢提想交女友的事了。

和母親「結婚」的兒子

但媽媽會這樣講，不是沒有原因的。

她和老公是五專時期的班對，感情一直很要好，雙方家人的相處也非常熟絡，兩人理所當然結了婚，但婚後，她的肚皮一直沒有好消息。

她總是被婆婆冷言對待，甚至還有親戚說「不能生，就退貨」。令她難受的是，先生都沒有站出來為她說一句話。

難道生孩子是她一個人的事嗎？

不服輸的她，終於在四十歲那年，以試管嬰兒生下兒子。她覺得自己總算可以跟大家交代了。

但沒想到有了兒子後，她對於先生更看不慣了。她全心全意照顧兒子，對他呵護備至，無論花多少錢，什麼都想讓兒子學。兒子如果在學校與同學發生爭執，她總是第一時間出面，而兒子只要一點不舒服，她就緊張地送急診。

她已經絲毫不在意先生的退場和無感。從四十歲那年開始，她已經將孩子變成先生的替代品。她不但證明自己正常，可以生育，也解決了家中要抱孫的壓力。

從此，她認為兒子是她的戰利品。她不希望兒子有女友，不希望與任何人共享他，她希望兒子永遠只陪她。

我們在原生家庭受的傷

「你們夫妻感情不好，那生個小孩就沒事了！」我們常聽到身旁的長輩，這樣告訴感情不睦的夫妻，甚至是在夫妻雙方想要離婚時，也給予這樣的建議，但這真的是正確的嗎？

當夫妻不和，孩子容易成為彼此角力的工具

依據婚姻滿意度的調查研究指出，**在第一個孩子出生後，夫妻對婚姻的滿意度急遽下降，而身為人母的女性，滿意度更低**。

在台灣的配偶調查中也發現，婚後女人的家務負擔是男人的七倍，而男人則是少了百分之十二。台灣夫妻在婚後的家務，明顯女人負擔的較多，而有了孩子之後的照顧和養育責任，使得人母明顯變成一件沉重的負荷。

如果夫妻雙方原本就不睦，那麼先生不但無法領略太太的挫折感，甚至可能因為分工問題，而起更多爭執與口角，甚至撒手不管。

夫妻關係是很重要的夥伴關係，而「生孩子」這件事，不但無法讓夫妻雙方關係更緊密與美好，反倒可能變成擋在彼此中間，更堂而皇之的理由。長久下來，**夫妻雙方不能同心，孩子也變成在夫妻衝突中，彼此角力的工具之一。夫妻也會將自己在**

伴侶間得不到的支持和照顧，在孩子較大時，下意識地向孩子索求。

當孩子成為夫妻關係的救火隊

另一種狀況則是將孩子捲入夫妻紛爭的三角關係中，孩子彷彿是出生來為這對夫妻的不和關係救火。家族治療大師包溫（Bowen）曾指出孩子在家庭關係中的角力，**也許是父母其中一方與孩子共謀，或是祖父母默許孫子出問題，以轉移對父母之間衝突的注意力**。

這種情況在生活中非常常見。你也許會見到一家人中，母親暗中贊成孩子不要聽父親的話，也不要尊重父親。這種派給孩子任務，去反對另一方的動力，孩子會接收到，於是你會看見一個氣憤、不被尊重的父親，和一個從來不把父親看在眼裡的孩子，以及一個得意於「孩子不聽父親的話，口口聲聲說她是個多麼辛苦的好媽媽」的母親，最後你會看見「父親愈來愈荒謬的管教，孩子愈來愈脫序的行為，母親一把鼻涕一把眼淚的說孩子真可憐」這樣的劇碼。

最重要，且令人不忍的是，孩子會從中學習到「討好媽媽」。等到他長大之後，當要面對自己的決定和判斷與媽媽的不同時，就會變得格外困難。他會意識到：

一、他將父親的重要性排除，從小就承擔起讓自己取代父親，照顧媽媽的沉重負擔。

二、媽媽愛他，但卻不能尊重他的決定。

三、**他無法讓母親失望，可是又無法堅持自己的想法，這會導致他愈來愈厭惡自己。**

疼惜自己的練習（九）

已經長大了的你，是否也曾經有過「不聽父母的話，就是不孝」或「忤逆父母，就是自己不好」這樣的羞愧感？在以下的問題中，如果你覺得是，請打勾。

- □讓爸／媽開心起來就是我的責任。
- □當爸／媽面露難色，我要馬上察覺到。

□我有義務讓爸／媽減少煩惱。

□再怎麼樣，我都不能讓爸／媽沒面子。

□對於「爸／媽失望的眼神」，我感到很自責。

□無論如何，爸／媽就是我的天，他們說什麼都對。

□如果我做錯事，一定會讓爸／媽感到難堪。

□無論我做任何事，都應該要考量到爸／媽的觀感。

□我做任何事，都要顧慮到爸／媽是否支持。

□無論爸／媽做了什麼事情，他們都是對的。

□身為爸／媽的小孩，我就是要為他們分憂解勞，才是個好孩子。

□當我聽不懂爸／媽的苦惱時，我會感到很不知所措。

□不管其他兄弟姊妹怎樣，我都要當最貼心的那個。

□不管我爸／媽是怎樣的人，長輩就是長輩，他們說的話，對我都有很大的影響力。

□我做任何事情，都需要爸／媽的認可。

如果你勾選五題以上，那麼表示你常常覺得父母的責任，就是你的責任，而你也希望從中獲得父母的支持和愛，因此也容易犧牲自己。當「自己的意願」和「父母的意願」相違背時，你更難抉擇。

親愛的你，或許多年以來，你都認為自己有責任為父母的人生解決問題，你也有責任讓他們開心，不讓他們失望。

但實情是，**我們沒有一個人可以負擔另一個人的人生**，就像是沒有一個人可以為你的人生負責一樣。

所以，**你必須將父母的責任還給他們自己，他們得為自己的喜怒哀樂負責。而當你為自己的生命負責時，你也才有可能影響他們。**

輯二

請當自己的父母，療癒自己的內在小孩

總覺得媳婦搶走兒子的婆婆——自憐型

媽媽認為三個小孩是她此生的唯一。三個小孩是她的捍衛戰士。

「我的命好苦啊，兒女都很不孝，他們很少回來……」婆婆逢人就這樣說，鄰居聽久了，對這家的媳婦、兒子也常常投以怪異的眼光。

太太聽不下去，常對先生抱怨：「你媽說的都不是真的。她為什麼要這樣一哭二鬧地要我們回去？一下說她沒吃飯，一下又說她腳扭到，上不了樓，她只是想看到你啊。」

他們其實不是不常回家，只是婆婆總覺得不夠，也總覺得自己被丟下，很可憐，但其實小姑、小叔和婆婆住在一起，婆婆卻只念著這個住外面的兒子不回來，於是總想盡辦法，讓他們回來。婆婆希望一家人圓滿團聚，如果有一人不在，就會鬧脾氣。

她雖然開口抱怨，但也知道這些話先生聽不進去。先生只要一聽到婆婆說「自己好可憐啊」，他就糾結著一顆心，然後趕緊放下手邊工作，催促著小孩、老婆，要趕緊開車回去。

而當她抱怨，先生往往會不耐煩的生悶氣，甚至與婆婆連成一氣，上演「媽真的很可憐，你怎麼這麼無情」的悲情戲碼。

「我都說了，我媽就是這樣，她只是比較喜歡唸，你就不能忍一忍嗎？」

先生要她忍耐，因為先生也是這樣忍過來的。

將孩子視為自己的延伸的母親

原來在先生年紀還小時，爸爸外遇了，媽媽於是開始煞費心思，要孩子們與她一起趕走小三，但卻仍然喚不回爸爸的心。

這些無奈和傷心的日子，讓媽媽黏緊了三個小孩。媽媽認為三個小孩是她此生的唯一。三個小孩是她的捍衛戰士。

為父母的恩怨戰鬥了幾十年，直到爸爸過世。現在戰士要開戰的對象，變成搶了他的太太。

在婆婆眼中，只要嫁進來的，都是搶她兒子的外人。

「我辛苦一輩子，費苦心養大的孩子，怎麼可以有人把他搶走？」

婆婆把孩子視為自己的延伸，她血肉的一部分，至今四十年過去，孩子即使都已屆不惑之年，她依然故我的認為媳婦就是既得利益者，而天底下哪有這麼便宜的事。

而唯一住外面的他們，就變成婆婆主要聚焦的對象，一旦不順她的意，婆婆就在街頭巷尾說起她的不是，「我媳婦有多糟糕，你看看，她這也沒做好，那也沒做好……」

婆婆忘記了，她已經不是當年那個被先生丟下的女人，可長期的失落感，讓她的孩子們也很感無力，每一句「我媽就是這樣，我還能怎樣……」聽起來，這些對母親的容忍，不是來自於愛和尊敬，而是許多的無奈和沮喪。

於是，當她抱怨時，先生若悶不吭聲，其實心裡也正哀嘆著，「我太太看不起我，我媽媽逼迫我，我怎麼生在那樣的原生家庭，然後又投入一個永遠對我不滿意的家……」

我們在原生家庭受的傷

一個愈容易感到自卑、自憐的人，常常無論旁人怎麼勸說，他們都還是覺得自己「應該要這麼做，不然會接收到很慘的後果」，「一定要這麼做，不然所承受的壓力必定很大」等，**他們不斷付出，就為了證明自己值得被愛、被尊重、有價值等等**。

若一個自卑、自憐的人，陷入這樣混亂的心境，那麼可能與他的成長或過往經驗有關。

無法不與他人「比較」的孩子

當我們身為孩子的時候，得不到認可是一件令人感到很恐慌的事情，就像被下了一個詛咒，內容是「無論你怎麼樣，都沒人會重視的」。

這樣的孩子，他們一方面羨慕別人，但另一方面，又常常陷入和別人的比較裡，他們因此常常感到患得患失。

當他們看起來與別人一樣的時候，他們會感到驕傲，但當他們不如別人的時候，他們會陷入強烈的自卑。

有些人會運用這樣的自卑和自憐感，讓自己進步。但也有些人是用「我有孝順的兒女」、「我有完整的家庭」或「我有完整的婚姻」這些外在的條件來讓自己，看起來和別人一樣。

這類型的人，他們常把眼光放在自己所沒有的東西上，並與他人進行競賽和比較，例如太太會對先生叨唸：「你看，別人的老公都會……」「你看，別人家都住豪宅……」或對小孩抱怨：「你看，別人的小孩念到博士，多厲害……」

這樣的比較心態，會讓這類型的人覺得自己什麼都沒有，進而對生活感到不滿足。

充滿罪疚感的孩子

案例中的母親，在先生外遇事件爆發後，為了追回先生對婚姻的注意力，除了將孩子當作喚回先生的籌碼之外，在不安全感之下，其實已經下意識地與孩子結了婚。

而當她的需求愈大，就愈不能接受孩子超乎自己的預期，她希望孩子都能按照她的方式挑志願、挑伴侶、挑選生活中的種種。如果孩子不這麼做，就會被冠上不孝、大逆不道，或你怎麼捨得讓老母親苦苦哀求等罪名，不斷勾動著孩子心裡的罪惡感。

當孩子因為內疚和罪惡感而回頭照料母親，他們在心境上而與母親黏得愈緊、情感愈濃烈時，就會產生極度討好，但厭惡又懼怕的矛盾心情。

當孩子無法讓母親事事滿意，孩子也會對自己有想法、有意見的心態產生厭惡和懼怕，這些複雜的心情就變成各種勉強和容忍。

若伴侶無法和他一致的面對母親，也就是無法一起容忍和勉強的時候，就容易變成箭靶，和所謂的「不聽話的孩子」，於是，他想要聽話的需求，就無法被滿足，但反過來說，就因為伴侶是不聽話的孩子，反而大大滿足了他某部分「做自己」、「不想聽話」的需求。這種「偷偷來」的不聽話，其實才是他們的真心話。

母親的哀怨，他早已承受得太多。四十年來，他都頂著「不要冒犯母親」、「不要讓母親傷心」這些內疚和痛苦。

認為自己可以拯救媽媽的孩子

母親被外遇之傷刺痛，但孩子們也都赴湯蹈火的一起陪葬，這樣愈滾愈烈的情緒記憶，讓每個孩子都身受其苦，卻不敢表達。

這就像是身體灼傷面積百分之三十的人，在百分八十灼傷面積的人面前，不敢哼出聲一樣。當他想起自己真實的感受是不耐煩、厭惡、生氣、有完沒完時，他就會想起更慘烈的母親，於是他告訴自己：

「這沒什麼！」

「我媽比我慘，遇到那種事情都沒抱怨了，我是在怪東怪西什麼？」

「我至少還有個太太在身邊，我媽沒人陪，她也非我不可！」

那麼，**一下子全身上下充滿英雄主義的想法——「認為自己可以拯救媽媽」；但一下子又被自卑、自憐的心情給綁架——「怎麼一輩子自己都像隨傳隨到的男僕」，這兩種想法就很容易都在他身上擺盪**。

於是，受害型認同的孩子就這樣產生了，他們一方面感到自卑，一方面又感到「這就是愛吧」，進而**合理化自己受害的事實**，也就是「如果我不愛你，怎麼會為你承受這麼多？」他們一邊自虐，一邊希望對方有所回應，只可惜他們飛蛾撲火式的愛，對方也只會像火苗一樣，將他們吞噬。

疼惜自己的練習（十）

親愛的，你也是這樣嗎？總是怕自己做得不夠多、不夠好，讓人不夠滿意，因此不斷壓榨自己嗎？

以下的項目，你可以看看自己符合哪一些。

□家人做決定的時候，往往沒人考慮你的感受？

□家人做決定的時候，往往沒人顧及到你的需要？
□家人常常對你說，你想的都是錯的（你沒想得很周到）？
□家人常常對你說，你自己怎樣不重要，重點是讓大家滿意、開心？
□他們常覺得你不能做自己，所以你要求做自己是一件很自私的行為？
□他們常打壓你的脆弱面，認為你不能笨、不能怕、不能不懂、不能脆弱？
□面對家人，你往往不能表達自己的想法？
□面對家人，你常常要偽裝成另一個討他們喜歡的樣子？
□你覺得如果不成為家人喜歡的樣子，你會遭受羞辱？
□你覺得如果不成為家人理想的樣子，你會被嘲弄？
□你覺得如果不成為家人要求的樣子，你會被恥笑？
□你覺得如果自己不偽裝成另一個樣子，家人一定不會喜歡你？
□你覺得如果你讓家人失望，他們一定不會像現在這樣愛你？
□你覺得如果你不討好他們，他們就會撤回對你的關愛？

如果你有五題以上符合，那麼表示你是一個常常擔心外界對你的眼光，也擔心自己做得不夠好、不夠優秀、不夠周到的人。

如果請你先不顧慮他人的眼光，那麼，當家人要求你時，你心裡真實的感受其實是：

□面對家人的要求，你常感到很為難？
□面對家人的要求，你常覺得被逼迫？
□面對家人的要求，你常覺得很委屈？
□面對家人的要求，你常感到很無力？
□面對家人的要求，你常感到挫折？
□面對家人的要求，你常感到不耐煩？
□面對家人的要求，你常感到有壓力？
□面對家人的要求，你常感到＿＿＿＿＿＿＿＿。

如果你勾選三題以上，那麼代表你已經過度負荷。

當你心裡萌生不願意的聲音時，請記得，這就是你的情緒界線。我們每個人都需要劃出自己的私領域空間，這一點，是不需要任何人允許的。

對於壓榨你的人，他們要學會尊重別人的私領域。當你一直為他們設想、配合他們的時候，也許你也剝奪了他們學習尊重別人的機會。

無論是誰，都有被愛、被尊重的需求。**尊重自己的需求並不是壞事。當你開始這麼做時，身邊的人也才會尊重你，尊重他們自己。**

即使戴綠帽，也要當乖兒子——乖順型

太太只要說：「你忍心讓你爸爸失望嗎？」他就會屈服。

「我受夠了這個假婚姻，我要離婚。」過去一向乖順的他，竟然反常地和太太大吵。

「我警告你喔，結了婚後，不是你想怎樣就怎樣！」太太一邊回應，一邊打電話討救兵。

住在二樓的父親一聽到夫妻爭執的聲音，連忙過來勸架。

「你怎麼可以這樣？身為人家先生，就要懂得忍讓啊。」眼看父親站在太太那一邊，他更痛苦了。

沒想到，住隔沒兩條巷子的岳父，一接到女兒電話，也氣沖沖到家裡來指責女婿。

「你怎麼可以講這種話，孩子都快生了？你是怎樣，要退婚嗎？」

岳父為女兒助陣，但他沒有退卻，他怒視著岳父。因為，岳父會這麼說，他一點也不意外。

啞口無言的兒子

之前他和太太是在網路交友平台上認識，兩人因為年齡關係，都點選「兩年內想結婚」選項，他們都希望彼此盡早結婚生子，可他從來都沒想過這竟然是一場騙局。

當時女方家人在婚事方面很積極，其實他一開始也曾經質疑為什麼這麼急，但女方對他很熱絡，長輩們也對他很照顧，加上與他相依為命的父親非常喜歡這個大方、懂事的準媳婦，於是聽到女方懷有身孕時，皆喜出望外，幫他們在三個月內火速結了婚。

沒有太多感情基礎的他們，從提親到大訂、小訂到喜宴，他總感到心底有些忐忑，但瞬間就被他掩蓋掉，因為「結婚生子不就是他想要的嗎？」

在一次陪太太產檢時，護理師一邊恭喜他，一邊交代他，「你太太目前懷胎七個月了，要多注意身體。」他聽了，卻像晴天霹靂。

因為他與太太在一起的時間前後，也才不過五個月，為什麼太太肚子裡的胎兒已經七個月。他想起太太消瘦的身影，似乎肚子的比例比預想的大了些。

「醫師，你確定真的是七個月嗎？這件事對我真的很重要啊。」他忍不住了，打電話問醫師，沒想到卻確認了這場騙局。

「天哪，她居然要我養其他男人的小孩。」他氣到直接問太太，平常溫順的他，怒火中燒，伸出雙手，掐住太太的脖子。

但太太靜靜的閉上眼睛，毫不掙扎。

他哭著鬆開了手。

當太太睜開眼睛，她只冷冷地說了句：「你可以怨恨我，但想想你爸聽到我懷孕時，那期待抱孫子的表情，你忍心讓他失望嗎？」

他愣了愣，腦袋鬧哄哄得說不出任何一句話。

太太像是豁出去：「反正你有兩條路可選，第一，忍下來，跟我過一輩子，你可以讓你爸到死前都對你滿意；第二，離婚，讓你爸傷透心。這是你要的嗎？」

很小的時候，他母親就過世了，一手拉拔他長大的父親，對他照顧得無微不至。他很早就學會不讓父親擔心，甚至一心想成為爸爸心中的驕傲。

但他從沒想過，原本是開心的事情，最後居然變成偌大的笑柄。當他看著自己的父親求著他不要離婚的神情時，他的心好難受。

我們在原生家庭受的傷

「我要成為父親眼裡的完美小孩，這輩子不再讓他傷心難過。」

身為孩子，我們總有個不實的期望，覺得自己可以解救父母的人生，尤其是乖順的小孩。

「我把我的事情做好，他們就不用擔心我……」

「我盡量降低自己的需要，他們就不用為我負擔……」

「不管他們說得對或錯，都不要反對他們，這樣一來，他們就會覺得自己很有影響力。」

我們都自以為在保護父母，於是將自己的意見掩蓋，或將自己的需要交付出去，希望可以降低需求、沒有意見，甚至隱形無聲，心想這樣就能讓父母快樂、開心起來。

然而，**當我們將自己交託出去的同時，其實也賠上自己的人生**。

只要一個眼神，孩子就膽顫

案例裡的這對父子，在他很小的時候，就不斷演出這個他所再習慣不過的劇碼——「孩子牽起父親的手，傾其所能，迎合父親的期望。」

但一個將自己的意見和感受壓到最低，卻把父親的願望當作最高標準的兒子，造成的代價，往往是父子之間無法訴說真心話。

這是如何發生的呢？當我們還稚嫩的時候，**乖順型的孩子對於父母失望的神情特別**

沒有抵抗力。面對父母言外之意的輕蔑、刻意的停頓、不贊成的皺眉、露出狐疑的神情時，他所接收到的訊息，往往是：

「我快要被你放棄了！」

「你對我不夠滿意。」

「你認為我沒有盡力。」

這些可能被放棄、可能不被愛、可能不被喜歡的訊息。對他們來說，這些訊息很難招架，但他們卻又吸收得很徹底。

這種氣氛在他成長的過程中不斷重複發生。**當他聽到父親說，「你還沒找到對象啊……」他感受到的是：**

「我還沒找到對象，讓爸爸擔心了！」

「父親一生的願望就是這個，我怎麼無法讓他如願……」

「我該怎麼化解他的難受……」

於是他閉嘴了，他想自己的感覺有什麼重要，父親開不開心最重要。

永遠無法讓父親滿意的兒子

而最終，他將發現，長輩如果很習慣煩惱，那麼，他的煩惱將是煩惱不完的。

如果他結了婚，父親會煩惱他還沒生子；

如果他生子了，父親會煩惱他會不會帶孩子；

如果他帶孩子生病了，父親會煩惱他該如何養兒育女，才能讓後代優秀……

對於自己的人生，他不但壓縮了自己真實的想法，或從來不敢傾聽，但卻發現永遠無法讓父親滿意。

最終，他將這樣煩惱處理不完的習慣，放在孩子身上，因為他沒聽過自己真實的心聲，他也不敢傾聽孩子的真心話。這樣的氛圍，無意識的在他和他的孩子間持續發生。

案例中的先生就是遇到這樣的困難，所以才離不開耍計謀的太太。他輕視自己的心聲，用隱晦的方式面對太太，以避免讓父親難過。

而太太緊抓著先生最大的目標——讓父親開心，甚至弱化自己背叛的事實，於是夫妻間的角力就變得更複雜難解。

疼惜自己的練習（十一）

我們雖從父母而來，但**我們不是父母的延伸，也不屬於父母**。

在中華文化中，最乖的孩子往往被罵得最兇，而通常排行老大的孩子更容易被這樣對待。父母希望孩子有更多的好表現，這其實是很自然的心態。只是，**成年的我們，也應該開始承擔起傾聽自己內心聲音的責任**，因為我們每個人的人生都是自己的，別人，甚至是父母，也無法幫我過人生。

長輩對你有哪些期望，讓你感到非做不可，如果不做，他們就會傷心？

一、__________。

二、__________。

三、__________。

四、__________。

五、__________。

想一想，哪一些是你也認同的人生目標？哪一些是你認為過度的負荷，不屬於你？

無論你目前幾歲，請將你渴望的人生樣貌，以直覺的關鍵字寫下。

________________________________。

接著拼湊出一個你內心渴望的場景，並寫下來。

________________________________，

________________________________，

________________________________。

只要是人，都可能感受到我不好、我讓身邊的人不滿意了、我做得不是很正確、我犯了一個錯，**這些都是人生中的一部分，但這不表示你不好、你沒有價值**，所以也請多肯定自己，並給自己一個機會，允許自己和脆弱共處。

老說「你好，我就好」，卻常暴怒的先生——犧牲討好型

一個討好的人其實在內心裡，都隱藏著極深的憤怒。

「老公，這週末我們去嘉義玩，好嗎？」

「好啊，你安排。」

「那麼我們週五晚上就出發，可以多玩一個晚上？」

「好啊，我沒意見。」

「你真的沒意見嗎？我看你的表情好像有一點怪。」

在說「沒關係」背後，卻是極大的渴求

其實，他不想出去玩，但他不想讓太太失望。

他十分依賴太太。只要太太不在，他就覺得孤單，但太太在，他也覺得不滿。這種矛盾的感覺，讓他很苦惱。他也很難說清楚自己究竟哪裡不滿。漸漸地，他將不滿的心情隱藏起來。

只要別人問起家人和他的生活，他反而會說：「我太太，她很好啊！」「我家人，他們都很好啊。」「我的生活，很好啊！」

有了這種矛盾衝突的落差，讓他覺得自己像個聖人。而每一次他講完這些話，他就會在心中默默地認為：「你看我多愛家人，多為他們著想。」「身為家人就是要不分彼此，即使我覺得你們很差勁，也要說你們很好。」

犧牲、奉獻背後的強烈不滿

不過，**在這些付出的背後，其實也包含著他的一絲絲渴望**：

「我為你們考慮這麼多，你們應該也會多照顧我一點吧！」

「你看我都以大局為重，你們應該也會看到我要什麼吧！」

他卑微的希望別人能領略他的用心，顧慮到他的感受。可是，事實上又沒這麼簡單，他想要的是，大家都知道他是個思維縝密，同時具備風度和雅量的人。

表面上，他說：「我只希望身邊的每個人都開心，不要吵架，不要爭執，家和萬事興。」但愈是這樣，他的心態就愈不平衡，他心裡「你們應該要感謝我」的願望就愈深。只是他並不表態，所以對家人來說，他的心境就愈來愈像是迷霧。沒有人知道他到底在想什麼，更難知道他的需求。

其實，他的內心就是不斷上演著「施捨與感恩」的小劇場。

他無法啟齒的是，他想要全部的人都尊敬他。他是有包容力又聰明的聖人，因為唯有聖人，才能施恩給別人，他也聰明到知道大家要什麼，在家人有需要的時候配合演出，讓大家都開心。他就像京劇變臉的演員，在嗅到別人有需求時，壓抑著自己真實的感受，渴望獲得讚美。

每當他有需要，他就想著以家和萬事興為前提的大愛——「我不重要，我只想大家好好的。」「我都沒有自己的需要，總可以了吧！」「我應該要更堅強，我是全家人的倚靠。」

但他並沒有發現，自己說出來的每一句：

「你們好就好！」「你們好，我就開心了！」其實是在表達「我有話要說……」

「你們開心，那我的開心呢？」

他維持著犧牲、奉獻的形象，但卻是心裡充滿最多不滿的人。

害怕被拋棄的男孩

他從小看爸媽吵到大，根本無暇顧慮到他。他眼巴巴望著爸媽，但卻得不到應有的關注和渴求。他氣自己的無能，但卻沒辦法阻止這些爭執，而且他也害怕被拋棄，害怕爸媽常常掛在嘴邊，那些充滿不耐煩的話，例如：

「晚上不要吃飯了，浪費米。」

「你這個拖油瓶……」

「養你有什麼用？」

「你自己搬出去住，看你要跟誰就去。」

他害怕被拋棄，害怕孤單，於是獻上他的一切，在所不惜。

自此之後，他不但害怕被拋棄，更害怕失去身邊的人，於是，他把自己變成沒有需求的聖人，不准自己做錯事；不讓父母傷心、要孝順。**這些美德和孝順的枷鎖，變成他一生的追求，但仍無法消除他心裡矛盾的巨大壓力。**

這種狀況，並沒有人發現，因為他身邊的大人光是應付自己的困境，就已經耗盡心力，而他也早已習慣察言觀色的生活模式。

除了付出，他感受不到自己的存在感。如果這世界上沒有人可以讓他付出，那麼，他就覺得自己沒有存在的價值。

當對方說「你好就好」，其實是一種支配手段

當他說「你好就好」，其實言下之意是：

我是施恩的聖人，你看我都以你為主，你為什麼還要煩我？

「我都沒有什麼要求了，你看你做了什麼，你憑什麼要求我？」

當他要求起來，就變成暴君，因為**一個討好的人其實都隱藏著極深的憤怒**。

而嘴巴說喜歡，其實心裡是感到厭惡，這種人本來就隱藏著他的支配力。當我

說：「好啊，你說了算。」某部分的我不做決定，也是讓你表現和發揮的極限，我只要繼續隱忍心情，你就會做到極致，而我也可以懶到極點，然後後果由你自負。如果要他負責一點，他也是以聖人之姿來搭救，而不是平行平等的關係。

你會發現，他時時刻刻都在想別人要的是什麼，而不是他自己，這看起來像是愛妻的美德，但其實也是支配太太的手段。

我們在原生家庭受的傷

「我都沒有好好為自己活過。」你有聽過家人這樣的抱怨嗎？

當一個人持續背叛自己內心的聲音，那麼只會持續消耗自己的生命能量，甚至對生命絕望。

對他們來說，比自己內心的聲音更重要的價值，是「小心翼翼偵測家人的需求」，這是他們的生存之道。

討好大人的孩子

這也是大人下意識塞給他們從小照顧大人的任務所造成的。

這類型的孩子常常很乖順，噤不作聲，但卻內心孤寂。他們盡心盡力侍奉著身邊的人，善盡討好的職責，卻也默默的害怕自己不重要、不被珍惜、不被愛，甚至被拋棄。

於是，他們所吸引到的伴侶，也是會指派他們做事的人，或者他們會先端出好處，告訴伴侶：「我會幫你服務，所以你要好好愛我。」**因為渴求愛，而讓對方有機會壓榨他們**。

這一類型的人，他們通常會有一對對自己的事擺不平的父母。因為父母對自己的煩惱已疲於奔命，所以看不到孩子的需求，甚至還期望孩子能幫父母分擔，或從小就負擔起照顧父母的角色。

他們從小感到自己得被父母依賴，所以往往對於自己有依賴的「軟弱心態」感到可恥，常活在自己怎麼可以有需要的自我貶抑裡。他們努力侍奉身邊的大人，並期待自己趕快長大，趕快獲得權力，趕快付出愛。

學會用假我的方式活下去

英國知名心理學家約翰・鮑比（John Bowlby）曾提出「親子角色倒錯」的概念，這是指父母以鋌而走險或控制的手段，來獲得孩子的順服，並藉此希望得到內心的平靜或生活的穩定。

這類型的父母希望孩子最好不要提出什麼要求，反而是能照顧父母、稱讚父母、愛父母等等。**當孩子和父母的角色倒過來，孩子變成父母依賴的對象，就容易想要變得「有用」、「聽話」或「服從」，藉此獲得被愛**。他們真實的情緒反而無法被認可，因為每天要做的事，就是知道父母今天的情緒是什麼，他們才能好好活下去。

於是，他們學會用假我的方式活下去，**自我實現也變成要建立在別人的認可上**。

這一類型的父母因為自己的需求和喜好，更會強化孩子的假面（乖順、聽話、好掌握），他們不管孩子的自我貶抑對於孩子的心理健康將造成多大的打擊，會不會因此活得不夠好。

他們只在乎孩子是否聽話、不出錯，孩子們永遠感受到的是，如果「他們不符合父母期待，父母就會對他們棄之不顧」的恐懼。他們的心裡充滿矛盾，一方面想讓父母滿意，一方面卻得犧牲自己的真實感受，最終，他們做出抉擇，他們以父母和身邊的人為主。

這種人非常在意家人的評價，**為了生存下去，他們盡力侍奉，讓身邊的人開心、滿意，但自己卻帶著隱藏住的敵意過日子**。他們感到莫名的不安，常常要找自己的小確幸或生活目標，否則自我會乾涸而死。

不斷要求自己，只為換得父母認可

用自我犧牲來交換他人認可的人，常常會有情感飢渴的問題。在他們付出和給予的過程裡，其實是希望對方給予更多認可，於是他一直讓自己順從、聽話與付出，想換得父母眼裡的一席之地。

這種你來我往的緊密關係，表面上看起來是「我們家人之間很相親相愛」，但其實是如果有新的對象表現得更好，他就會被取而代之。也因為這種隱微的被拋棄的恐懼，於是他往往要求自己要表現得更好。

佛洛姆曾說：「服從和敵意是一枚硬幣的兩面。」當他們習於順服對方，卻也抱怨對方，這就變成隱性敵意，夾雜在不可說的衝突裡。

他們讓自己變得很有能力、很有毅力、很有肩膀，但都不是基於自己的人生目標出發，而是基於恐懼出發。

他們需要討好身邊的人，否則隨時都會被取代。所以，他們活得扭扭曲曲，被許多框架綁住，卻又渴望自由，但依照這樣的情勢來說，要獲得自由，也僅止於他們的空想。

當他愈虛張聲勢，就愈怔忡不安。害怕別人不滿意他，所以留存更多對人的敵意，然後告訴自己：

「我不應該跟別人計較。」

「我不應該對家人無理。」

「幹嘛為這種事情煩心。」

但心裡其實非常煩躁。愈是無法承認，就愈與自己悖離，愈是說出「我家人都很好」，心裡卻愈是惶惶不安。

疼惜自己的練習（十二）

給親愛的你：

就在此刻，僅有你和我，這裡很安全。**我們不需要假裝，以討別人歡心**，例如明明不傷心，卻要裝悲痛欲絕；明明不開心，卻要大笑；明明不樂見，卻拍手叫好，以便符合大家所期望你展現的樣子。

收起你的迎合，**儘管展現你現在的樣子就好**。假若你不想講話，就不要講話；假若你不願意，就說你不想要；假若你不開心，就面無表情也無妨。**我們不需要扮演另一個角色，你，就是你**。

我們會擔心對方的反應，是因為我們不夠肯定自己，無法確認自己。那麼，我們就會受制於別人。

請你默唸以下的句子，讓自己慢慢學習，不再討好他人，也慢慢放下討好他人的習慣。

↓他快樂，是他的決定，無關你做了什麼和說了什麼。**你是你，他有選擇權，你也是。**

↓**不論你有沒有費盡心思，不珍惜你的人，還是會挑剔你**，甚至把你踩在腳底。

給總是討好別人的你，別因為他人的反應而自我質疑。你是你，就是世界上獨一無二的你。

別人的眼光與你無關，此刻，你該先傾聽你自己的心，你才有能力去愛其他的人。

給親愛的你：

就在此刻，僅有你和我，這裡很安全。我們不需要假裝，以討別人歡心，例如明明不傷心，卻要裝悲痛欲絕；明明不開心，卻要大笑；明明不樂見，卻拍手叫好，以便符合大家所期望你展現的樣子。

收起你的迎合，儘管展現你現在的樣子就好。

假若你不想講話，就不要講話；假若你不願意，就說你不想要；假若你不開心，就面無表情也無妨。

我們不需要扮演另一個角色，你，就是你。

和他人搞曖昧，卻振振有詞——情緒恐嚇型

只要她表達不滿，先生就會說：「那女的很可憐，難道你要見死不救嗎？」

「這次又是哪一個女人？你為什麼要這樣對我？」

「你在講什麼？那只不過是同事聚餐後，又續攤一下，所以喝了點酒，你也可以誇大成這樣……」

「我怎樣？你前幾次是上交友網站，我有說什麼嗎？我忍多久了？」

「夫妻之間要同心。你是我太太，你怎麼對我這麼沒把握？怎麼連你都不了解我？」

其實之前只要先生不在身邊，她就像抓賊一樣，登入他的每個帳號，查對話紀

錄，並盤查他最近瀏覽的網站。

但先生也很憤怒：「你那麼愛查，又愛生氣，乾脆通通刪掉好了！」

結果先生刪掉帳號、密碼，說是要讓她安心。

她覺得先生說的話並不合理。夫妻是要同心，是沒錯，但要看事情吧，當先生說要讓她安心，卻一下上交友網站，一下又跟女同事曖昧不清，這樣，任誰都不會安心。

無法擺脫的「言下之意」

她覺得痛苦，因為——

當先生對她說「夫妻之間要同心」時，

其實這句話的言下之意是：「你不應該這麼不了解我。」

當先生說「你是我太太，怎麼對我這麼沒把握？」時，

言下之意是：「你不應該查我，我應該盡情做我想做的事。」

甚至最後一句話，「怎麼連你都不了解我？」

言下之意是：「因為你不了解我，所以我可以離開你。」這最讓她覺得難受。所以每一次，當先生出包，她就會折斷理智線。

她覺得自己有口難言，萬般無助。

她知道先生平常什麼都好，但就愛和別人搞曖昧。搞曖昧像是他們之間一道無法跨越的鴻溝，也是他們之間難解的地雷。

只要她表達不滿，先生就會說：「那女的很可憐，難道你要見死不救嗎？」或「她連一個朋友都沒有，難道你是這麼殘忍的人嗎？」

她被先生一次次理所當然的說詞，弄得暈頭轉向。

她很不安，只能催眠自己：

「先生講得沒錯。」

「先生只是太為人著想。」

「先生還是有許多其他的優點。」

……

其實，這種感覺對她來說，她覺得很熟悉。

她的父母會分開，是因為媽媽外遇。但媽媽後來也與叔叔分開，接著陷入無數擇偶、換偶的過程。

她常聽到媽媽說：「我不過是想要找到一個我真正愛的人，難道這樣有錯嗎？你說是吧？」

她是媽媽最佳的精神支柱，一輩子都覺得媽媽說得很對。

「你要找個有道德、良知的男人，才不會跟我一樣感情失敗。」她看著母親感情不順，她期許自己能找到一個可以託付終身的善良男人。沒想到，她最後選擇了看起來最老實，但卻讓她最不安的先生。

我們在原生家庭受的傷

當你聽到對方說「為什麼你不相信我？」因而覺得有問題的是自己時，那麼，你可能與上述的她有同樣的問題。

與原生家庭息息相關

一個長期生活在情緒恐嚇狀態下的人，如果嚴重的話，將引起身心或精神方面的問題。

他們一方面無法辨識自己已經被情緒恐嚇，一方面還自我懷疑，認為自己是不是做得不夠好、不夠多，但又因為生氣和發怒，導致對方找到更多依據，說是你自己庸人自擾。

你無法解釋自己為什麼在溝通的時候會怒不可遏，更無法解釋為什麼理智線會斷掉，你甚至不知道自己是什麼時候讓渡這些特權給對方。

其實，這些往往與我們過往來自原生家庭的信念，或父母對待我們的方式有關。例如，你的父母給你一些好聽的理由，然後要求你犧牲自己，你無法質疑，也沒有其他選擇，只能默默接受。

一個習慣對他人情緒恐嚇的人，往往會不擇手段的爭取自己的利益。

「其實我也不是一定要這樣，要不是他很可憐……」

「為了要讓我爸媽滿意，我只好說謊，我很孝順吧！」

「為了家庭和諧，我做出連自己都無法接受的事，但這很值得……」

「為了愛我的太太，我每天都要戴著面具過日子，好讓她開心。」

身為旁觀者，我們會覺得這是謬論，但**此種似是而非的說法，卻最讓另一半感到糾葛**。

他們想做什麼事情都很有理由。然而，這些理由通常不是真正的原因，而只是他們為達到目的，也就是「**引發對方的同情心和憐憫，好讓對方付出更多**」。

當他們自己有所求的時候，會壓低姿態，彷彿願意付出一切，但一旦他們占上風，卻又斤斤計較，覺得他們凡事都是對的。

不過，當他們讓對方難受時，他們會馬上表達，「很抱歉，我不是故意要讓你傷心，如果你真的傷心了，那不是出於我的本意！」

如果對方不諒解，他會表示：「如果你無法體諒，也沒關係，但我會一直彌補你。」

以欲拒還迎的方式，**讓對方徹底卸下心防或心軟**，其實他只是在演自己悲劇英雄的內心戲，並希望你配合演出而已。

擅長創造讓人遺憾和矛盾的情感

長期承受情緒恐嚇的人，若想逃離對方的情緒恐嚇，但往往也不知道該如何做。他們要對方接受自己的欲望和要求，一旦對方不想接受，就好像要承受不為另一半著想、不懂事、不聽話、不懂人情世故等這些評價。**這種透過潛意識的操縱和要求對方迎合自己的欲望，卻常常包裝成好聽的話，合理化各種要求。**

於是，操縱和失衡的關係開始在他們之間展開。如果他知道自己正在操縱，是有目的性的做這件事情，也許還有點自覺。

但如果他們沒有這份自覺，甚至覺得自己是為了對方好，例如「我正在教太太怎麼了解我」，或是對太太說「我會這麼做，是為了維繫我們夫妻之間的情感」這種漂亮話，甚至在日常中拚命的付出關愛，再製造衝突，讓對方很不安、很難受。

他們往往沒有發現自己正在對對方情緒恐嚇，而對方也覺得他平日是個很有風度、很善良的人，所以有時還會懷疑自己，是否有問題的是自己，但其實創造遺憾和矛盾的情感，就是他們擅長的做法。有遺憾，也才會凸顯拯救和彌補的價值。

而當他們被質疑，他們會回應，「難道我這麼不值得你相信嗎？」「為什麼你這麼不尊重我？」其實他是想獲得你的諒解，好讓他提出更多不合理的要求。

若你因為太生氣，而使用暴力，那麼這正好掉到他的陷阱裡。他更有理由說你瘋了，所以你要交付更多的代價。情緒恐嚇者，是予取予求，讓人繼續失能的高手。

擅長對別人貼標籤

面對一個情緒恐嚇者，你常被貼上愛發脾氣、愛計較、愛施壓的標籤，而你無論做什麼都無法真的開心，因為你身邊有一個只想被滿足的利己主義者，而你又常常被這些看來很正確的話所蒙蔽，並且覺得是自己有錯。例如：

「家人不是就應該要相親相愛嗎？」

「你不知道不要在小孩面前吵架嗎？」

「你實在很不像話，長輩在現場，你還要找麻煩？」

「你身為我的太太，為什麼就不懂得體諒我？」

……

每一個你、你、你，看起來好像都很有道理，但卻都沒有真正聚焦到問題。一是你可能也說不清楚，二是你即使說了，別人可能也無法理解，可能還會被指責，「他人這麼好，是你有問題。」「是你不夠相信他，他才會這樣，他是被逼的。」這種感覺就像是懷了一個巨大的祕密，卻說不出口，也無法對誰吐露清楚。

疼惜自己的練習（十三）

擅長說動人、好聽話的人，通常都會讓人很開心，以致你慢慢步入他的圈套，為他付出所有，在所不惜。

但我們也得正視一直允許被這樣對待的你，是你被「完美家庭」、「完美伴侶」的標籤束縛了嗎？

當對方拋出「相愛不就是應該要這樣……」的時候，是否也牽引起你心中的完美主義，而覺得「對，應該要那樣才是好」，於是讓自己一直深陷於對方的謊言及自我欺騙中？所以，該如何察覺呢？

一、當你發現不對勁：

請不要把「自己的抉擇」和「他的反應」綁在一起。愛是成為彼此的光亮，而不是成為彼此的負擔。

當你感受到這份愛，讓你很累、很煩、很悶、很求助無門時，那麼，請好好觀察彼此之間的互動。其實，**你只要反過來想一想，如果今天你很愛對方，你會捨得這樣對他嗎？答案就會昭然若揭。**

二、當你看穿這些情境：

千萬別再合理化對方的行為，當你愈合理化對方的行為，就愈無法看清楚對方的意圖。

其實，看清楚對方意圖，並不代表你錯了，而是更認識對方而已。此時，請記得收回你的愛，並關上耳朵、閉上眼睛，不再看，也不再聽那些強加在你身上的不實措詞。

請記下對方說的每一句，去想一想合不合理，然後再請你切割「真實情況」和「他的扭曲」。

三、如果可以澄清和溝通：

如果你覺得還是想與對方溝通，且對方還有可以調整的空間，也許可以**試試看「拉出前提」**。

前提是「我們的關係對等，也請你尊重我的想法和意見」；

前提是「你還沒做出對不起我們的事情，我們現在應該聚焦討論如何修復這段關係」。

若你陷在被情緒恐嚇的一段感情裡，請別覺得很羞愧，或認為自己很笨，**你應該好好疼惜自己，疼惜這個因愛而受傷的自己。**

不斷唱衰太太的先生——負面思考型

他從小聽著家人抱怨彼此，他覺得從來不會有好事發生在他身上。

「老公，我想等孩子四歲上幼兒園後，去麵包店工作，賺點外快。」

「不要在那邊想有的沒的，到時候小孩沒顧好，工作也沒做好。」

「我原本就念烘焙，你是對我沒信心嗎？為什麼要唱衰我？」

他聽到太太這樣說，想起媽媽曾告誡他：「你婚姻一定不會成功。你看她就是一心往外的樣子。」

他的太太是一位自主性很強的女性，婚前就很能幹，因此他常感到自己矮太太一截。

害怕被貶低、害怕被太太鄙視的念頭，在他心中從來沒有停過，於是，當他出言阻礙太太往外發展的時候，他心裡面就升起一絲優越感。

念建築，只為讓爸媽開心

這種感覺很矛盾，很像在與自己較勁。

他想起從小處處被阻礙的自己。他氣自己，只要跟父母提到他想做什麼，都被數落得一文不值。長期下來，他對自己做什麼都沒有信心。

當年，他的第一志願是電機系，並且想在畢業後進科學園區工作，但因為爸爸一句「念建築比較有出息」，他的志願就大轉彎，只為讓爸媽開心。

他的父母常爭吵，互相批評彼此有多糟糕。他聽著大人說著鄰居的八卦、親戚的落難、長輩的嫌棄，家裡就像一個充滿負面訊息的大染缸，爸爸媽媽會東家長，西家短。如果沒有話題，話題就轉向彼此，埋怨對方哪裡沒做好。

對世界感到絕望的孩子

他的房門常被開開關關，沒有隱私。一下子是媽媽進房抱怨：「我跟你講，你爸有多糟。他只要一聽你奶奶講話就垮了，害我要為他做牛做馬。我當初真看走眼，嫁入這種家庭……」

在媽媽離開後，又換爸爸進來，對他說：「我跟你講，你媽的話不要聽太多。你別忘了，阿嬤對你有多好，我們才是一家人。」

他不懂，為什麼一家人要這樣彼此責備，批評對方。阿嬤也不遑多讓，常常跟爸說媽的壞話，跟媽說爸的不是。他於是緊閉嘴巴，擔心自己被抓到話柄，他對家人互相批評感到害怕。

當爸爸順遂時，會抓著他滔滔不絕，失意時就像鬥敗的公雞，在角落怨天尤人，唉聲嘆氣。媽媽則常說：「我們是倒楣鬼，什麼衰事都會在我們身上，要小心啊。」有時外婆也會對他說：「像你爸這種自大狂，眼高手低，你媽只有吃苦的分。」

他常常對世界感到很絕望，好像從來不會有好事發生在他身上。

我們在原生家庭受的傷

我們如何對待孩子，有時候連自己都不自覺，但**孩子就像海綿一般，當他一出生，就不斷吸收著父母對待他的方式**。

大多數的人，面對家人的質疑、責難和負面思考時，都沒有什麼抵抗力。但因為**是最親的人，當他們責難你，或認為你這樣做一定會失敗的時候，心裡的難受往往最深**。

很多時候，我們以為自己已經長大了，但事實上卻仍像個孩子一樣，活在別人（尤其是父母）的恐懼裡，而不自知。

依著旁人的喜好做決定？

加拿大的心理學家詹姆士・馬西亞（James Marcia）根據艾瑞克森（Erikson）的發展理論，提出我們身為人的四種認同狀態，其中有一種叫做「閉鎖認同」。

在童年曾經歷許多夢魘和負面思考的人，為了不想再被童年的惡夢牽制住，所以發展出一套看似清晰的目標和方向感的認同狀態。這樣的大人，他們好像已經做好清楚的抉擇，但實際上這些決定卻是未經思考，反倒是受父母或長輩期望所驅使，妥協之下的結果。這些孩子，透過權威的大人來定位自己的目標及方向，而非經過自己摸索、探索所得。

他們會做出一些決定，但其實內心不見得很認可，只是覺得這樣做比較安全，身邊的人也會比較喜歡，例如：

「我爸媽說我們都已經交往這麼久了，雖然我沒這麼愛他，但有什麼理由好不結婚？」

「這工作雖然不是我最想要的，不過至少我的家人感到很開心……」

這種期待讓身邊的人都開心的「偽安全感」，很容易讓人掩蓋自己真實的內心聲音。可能必須等到討好所有人，討好到累了，才會感受到好像自己的人生有許多的遺憾，於是開始怪自己沒有依照自己內心的想法來生活。

學習用自己的方式發聲

容易以長輩或權威者的意見為意見的孩子，表面上雖然看起來是大人，但心智上卻仍受制於父母或權威者。這樣的風險在於一旦環境改變，或權威者消失，他們就會茫然無所依，也因為這些決定都不是他們自己內心想做的，所以當他們遇上挫折或失意時，就會開始怨天尤人，並且更負面的想自己的人生。

在孩子尚未獨立前，依照權威者的意見走，不覺得自己的感受重要，聽媽媽／爸爸的話比較重要，他們其實是不相信自己的判斷和決定，以及懼怕違背權威會有不好的後果，例如不被愛、失去支持、不被認可等。

但長大的過程，不就是這樣嗎？當我們用自己的直覺和判斷，走人生的道路。那種雖然忐忑不安，但卻依循內心真正的聲音，用自己的方式發聲，去摸索自己的人生。

不過，**當一個聽話的乖小孩，突然之間決定這麼做時，一開始，他的內心很自然的會產生內疚和羞愧感：**

「我這樣做（不聽話），是不是會傷了誰？」

「這樣做，真的好嗎？」

「如果做錯了，事情變糟了，我還是那個夠好的孩子嗎？」

周遭的人也因為不習慣我們的改變，於是開始批評我們：

「你瘋了！」

「你確定？」

「你怎麼可以擅自作主？」

「你真不聽話，真叫我們傷心。」

當面對親愛的家人這麼說時，一開始，心裡一定很難受，但這過程就像破繭而出，**你可以尋找一起成長的支持系統，陪伴自己走過，你也才有機會長出自己的樣子**。

疼惜自己的練習（十四）

當長大後的你，不是你所期待的自己的樣子時，請千萬別自責，也別感到羞愧，也許可以試著用以下的步驟，做些調整：

一、建立自我認可的標的：

「在你的生命中，有哪一些時刻，是你聆聽自己的內心所做出的決定呢？」請寫下來。例如：

・十八歲那年，我決定大學選系要離家遠一點。

・二十二歲那年，我決定要養一隻寵物。

・十五歲那年，我決定要好好發展自己的音樂天分。

1. ＿＿＿＿＿＿＿＿＿＿。
2. ＿＿＿＿＿＿＿＿＿＿。
3. ＿＿＿＿＿＿＿＿＿＿。

二、找出你的支持系統：

1. 如果你要自己做出一個決定，那麼在你身邊的人，誰最懂得你的決定？
2. 他會說些什麼／會用什麼方法，讓你知道他支持你的決定？

(1) ＿＿＿＿＿＿＿＿＿＿。

(2)＿＿＿＿＿＿＿＿＿＿＿＿＿＿＿＿＿＿＿＿。

(3)＿＿＿＿＿＿＿＿＿＿＿＿＿＿＿＿＿＿＿＿。

3. **放大器原理**：想像你正在使用「擴大機」一樣，讓這些支持你的聲音，暫時擴大。

三、縮小反對的聲音：

當你做決定的時候，在你身邊的人，誰最可能反彈？他的說詞合理嗎？如果放手一搏，你會用什麼方式「暫時縮小這個聲音」，讓自己好好往目標闖闖看呢？（請盡量多列舉）

＿＿＿＿＿＿＿＿＿＿＿＿＿＿＿＿＿＿＿＿，

＿＿＿＿＿＿＿＿＿＿＿＿＿＿＿＿＿＿＿＿，

＿＿＿＿＿＿＿＿＿＿＿＿＿＿＿＿＿＿＿＿。

四、認清父母並非全知全能：

認清我們的父母／權威者雖然比我們早十幾、二十年來到這世界上，他們或許懂得比我們多，但也並非全知全能，所以我們不該再執著於認為父母：「應該要比我知道……」「應該比較行……」「做的決定應該比較對……」因為事實上父母也有他們的難題與困境，甚至在父母童年時，也可能遭受著忽略與未得到愛，而若父母未曾得到愛，他們當然也不知道該如何來愛我們啊。

「從婚紗到蜜月，我們都不能輸別人啊。」——無底洞型

當女友愈覺得自己沒安全感，就愈像是個貪心的女人，也愈鄙視他付出的努力。

「這是小敏的婚紗照，是到國外拍的，實在太美了。你看看人家老公多有心啊……」

只要女友一收到朋友的喜帖，他就感到莫大的壓力，因為女友會一直細數別人有多好。

「等我們結婚時，我們可不能丟臉啊。」女友繼續唸。

「我覺得我們的重點應該是在蜜月吧！」他回應。

「我通通都要，缺一不可，你不要那麼小氣。」

「好啦，那麼我們蜜月去義大利，好不好？」他自認為丟出一張王牌。

「義大利有什麼好？我同事蜜月旅行是去冰島看極光。你只有義大利，還在那邊邀功，還問我要不要。跟你講，通通不夠……」女友嘟起嘴巴。

疲累不已的男友

他覺得女友好像有點貪心，但看著女友無辜的表情，又覺得自己是不是誤會她了。

他們是在聯誼上認識的。他覺得當女友「拿他與別人比較」的時候，有點勢利，但他不免也考量到這可能是來自女友的沒安全感。

女友來自於父母不睦的家庭，她的小弟在出生時有呼吸道的問題，從此，家裡為小弟的健康問題頭疼不已。

原本家中萬分期待能抱孫子，沒想到等到的卻是一個孱弱的孩子，所以女友的父母從小為錢、為誰的基因比較差等問題，不斷爭吵著。

身為長姊的她，完全感受到貧賤夫妻百事哀的氣息。父母分房，不再說話，徒留一個假婚姻。不想照顧弟弟的父母，也把弟弟丟給阿公、阿嬤。

「這沒什麼……」「那沒什麼……」「你格局也未免太小了吧！」「你也未免太沒見過世面了吧！」每一句刺人的話，都傳達了她的優越感，而「這又沒什麼」這句話完全抹滅了他的努力，他覺得好疲累啊。

我們在原生家庭受的傷

她的傷痛有其緣由。**當一對父母遇到孩子有身體上的病痛，這無非是身為父母最煎熬的時刻了**。

新手父母嚴峻的挑戰

夫妻之間的挑戰本來就已經很多。當我們成為父母時，都會希望孩子能平安長大成人，但當有了孩子，一般父母要面臨的第一個挑戰是生活作息大亂，例如，孩子四小時要喝一次奶，期間還要注意孩子睡姿是否危險，是否會阻斷嬰兒呼吸，以及孩子的身高、體重、頭圍是否正常發展、尿布疹如何根治等等。

新手父母除了往往必須承受照顧孩子的壓力之外，還會面臨人生中第一次怎麼睡也睡不飽，精神不好又情緒崩潰的狀態，如果還加上新手母親產後荷爾蒙的躁動，那麼往往會更激化對生活的無助感。

等孩子長大一點，孩子要吃什麼副食品，家裡的擺設要如何放，才不致讓孩子危險等，而若孩子的作息沒調整好，在不該睡的時候睡，晚上哭鬧尖叫不睡，但大人卻早已累趴。

好似每一回合，父母才剛對孩子有些把握，有些上手，就又得輪番面對下一回合的挑戰。

有時父母實在太過於疲憊，而當孩子又不聽話時，父母的內心會悄悄出現：

「我都得不到，你憑什麼得到。」

「我爸媽才沒有這樣對我，我都對你這樣，你還不珍惜。」

「你是不會體貼一點喔！」

「聽不懂人話嗎？」

「都長大了還這樣？幼稚！」

而**如果夫妻失和，卻又要照顧稚嫩的幼兒，那麼狀況將更險峻。除了往往無法給予彼此支持和支援外，還可能會彼此計較**，例如有一方可能會說：

「為了孩子，你又做了什麼？」

「我跟你講，少在那邊推卸責任。」

但**可能又顧慮「吵架不要在長輩面前吵」或「吵架不要在小孩面前吵」，而讓彼此將不滿積聚在心裡**。

此時，父母的內心都沒有機會被照顧到，反倒是競爭和彼此攻訐的成分居多，這個時期大約兩到三年。

別對孩子說：「那又沒什麼，你有什麼好難過的？」

若彼此的需求都沒獲得適當的回應，這樣的心態就很容易延伸到第三人——孩子身上。孩子很容易就變成夫妻籠絡的對象。

當父母心裡的壓力與痛苦沒機會被彼此照顧，那麼也很難照顧到孩子的心理需求。

當孩子在成長過程中有難受、失望、無助的心情時，父母的這一句「那又沒什麼，你有什麼好難過的」。完全不是輕聲的安慰，反倒變成羞辱，意思是「我比你強，我很行，你不行」的證據。

此時，長期不受到對方肯定的父母，為了要證明自己是對的，往往會將別人的需求拿來開玩笑，弱化別人的感受，認為自己才是對的。

而當父母對彼此沒有同理的能力，在孩子出生後，他們也無法同理孩子，甚至反而可能將孩子視為證明自己比較行的比較對象。讓孩子感到追趕不上大人，但孩子偏偏又急於想長大，以證明自己。

父母雙方如果都是沒安全感的小大人，這兩個大孩子透過孩子成長的過程，漸漸意識到一個比自己更弱小的人出現，只有和這個小孩相比，才能襯出自己無比的強大。

當這些成人面對小孩的無助和恐懼，他們會利用這個機會，**透過掌握小孩的恐懼來駕馭自己內心無法控制的不安**。如果這個孩子有弟妹，他會讓這一幕重演。也就是當他占據優勢地位的時候，他會讓另一個人扮演弱小無助，充滿羨慕的角色，那個自己也曾經扮演過的角色。

一個人對弱者輕蔑，實際上是為了避免暴露自己的無助。這是隱藏內心脆弱最好的方式。

真正強大的人，能經由自身經驗了解他自己的內心也存在著軟弱，所以不需要用輕蔑別人的方式來展現自己的力量。

疼惜自己的練習（十五）

以案例的男女朋友為例，要如何避免自己成為被予取予求的無底洞？**重點是要正視自己有需求，且能夠看見對方的限制在哪裡**，這樣才能促進彼此的親密關係，而不是讓無限上綱的要求，消磨彼此的情感。

其實，**變成無底洞的人通常都是最沒安全感的**，這種心態某種程度就像囤積症，蒐集了很多，但卻一晃眼什麼都沒有了。

無底洞的人在生命早期，因為需求被忽視，所以往另一個人身上追討。我們該正視的是你過去被剝奪和不被正視需求的傷痛。

你要記得：

「在這個世界上，沒有人應該拿你的需要開玩笑。」

「也不該有人把自己沒滿足的需求，放到你身上，要你給予。」

步驟一、羅列你的失落清單：

請你想一想，從小到大，你生命中最常輕蔑你的人是誰？誰最常跟你說「這算什麼？」「這有什麼值得你哭的？」甚至除了無法對你的感覺感同身受外，他還說「那不重要？」「那又怎樣？」「笑死人！」「你說出去一定會被嘲笑……」等。

步驟二、製作自己的防護網：

其實，常嘲笑別人的人，自己往往是最不堪的。他害怕這些壞事落到他身上，所以，他最常的反應就是「我要『假裝』那沒什麼」，我要告訴自己「這不算什麼」，那是他們面對焦慮，唯一的反應方式。

當他們終於撐過時，一方面覺得鬆了一口氣，一方面又告訴自己這些過程不能被看見，因為一定會被嘲笑，一定會被輕蔑，一定會被視為無能。

但其實，**這些「一定」都是自我防衛的害怕**。當他們聽到別人的害怕，因為他們不准自己害怕，所以也無法感同身受別人的經驗。

就像你對對方說：「我頭好暈」，對方說：「那又怎樣，我上次暈到想吐。」你對對方說：「失戀好苦。」對方說：「那又怎樣，上次我失戀更慘烈，你那不算什麼。」或者「人總會失戀，失戀是下一段戀情的養分。」這種故作鎮定的說法。

所以，**面對這樣的人，不聽、不看以及不在乎是必要的**。

步驟三、將責任還給對方：

因為他們覺得自己不好看，就認為別人也不好看，且將這個當作普世價值，因而勸說著徬徨、忐忑的你：

「千萬別讓別人知道，別人知道後，一定會覺得你很差。」

「你這樣很丟臉，千萬別讓別人有機會笑你。」

當他們嚇唬到對方，才感受到自己是聰明的，也慢慢從你信服的眼神，感覺到自己是有信心的。

步驟四、設置你的付出底線：

除了設定自己的付出底線外，請記得，當對方這樣講你，不見得是你不好。他們的提醒是針對他們自己。他們覺得自己會被笑、丟臉、遭到拒絕或不被喜歡，所以將這樣的觀點投諸在你身上。

其實，我們每個人都會害怕被奚落、被嘲諷，但這些害怕，並不是因為我們不夠好，而是因為那些我們視為重要他人的評價及眼光，會讓我們在瞬間感覺失去自己的價值。

但親愛的你，請你記得，無論是誰，都不該忽視你的價值，我們來到這世界上，都有我們存在的意義，也都有我們存在的價值。

無法離開外遇的太太——沒安全感型

為什麼另一半常常打你，你卻不離婚？「有他的話，至少我看起來很正常，我有一段看似正常的婚姻。」

這是一次夫妻晤談，但我只等到了先生。

而先生一進門，就哭喪著臉：「我到底做錯了什麼？她逼著我簽字，說要我把小孩歸她。我勸不動她，她已經把小孩帶回娘家了！我覺得我很失敗，她說走就走，就像是變了一個人！……我甚至，不知道那個小孩是不是和我生的……」

十幾年的感情像是一場空，先生的無助、沮喪瀰漫在整間晤談室裡，他像一隻戰敗的公雞。

這是太太第三次外遇被抓包，沒想到，太太反而吵著鬧離婚。他看著太太堅決要離開，他心裡滿是苦楚。

急於逃離原生家庭的男孩

當年，他看著媽媽每天都在找爸爸麻煩，因為爸爸不答應媽媽離婚。媽媽離不成婚，就找他吐苦水，說他爸有多糟，要他長大後，千萬不要像他爸一樣。

老實說，他當時很厭倦那樣的生活，他也很氣爸爸為什麼不跟媽媽離婚，可是現在，他似乎有點明白爸爸的感受。

從小，他一直想逃離這樣的家。他努力打工賺錢，也認真念書，拚命兼顧著課業和打工，就是想快點搬出去，離開爭吵不休的家。

當年的他，喜歡班上的一位女同學。那女孩很認真，總是與他在課業上爭前幾名。每一回，他瞧見女孩認真的神情，努力的態度，就激勵著他的鬥志。

他知道女孩也想逃離家庭，於是他展開熱烈的追求。即使後來因為女孩劈腿而讓他傷痕累累，兩人之間也經歷多次分合，但是他仍去提了親，把她娶回家。

內心早已傷痕累累

沒想到，婚後太太外遇不斷。對於太太，他覺得已經沒有愛，只剩不甘心。但是，自己依舊離不開她。

他對自己感到很挫敗，更對身邊的人難以啟齒。他將太太的外遇當作自己的恥辱，但他不懂，為什麼愈是討厭太太，卻愈無法恨她。是他覺得自己被傷得還不夠嗎？還是他愛到無可自拔，連這種恥辱都能愛進去？

其實，自從第一次知道太太外遇後，他就已經整天惶惶不安。他想緊盯太太的行程，看她所有的信，查她的手機，甚至還拿到太太的手機密碼。

太太常常對他說：「我不想騙你，所以密碼都給你，對話紀錄也不會刪。」沒想到，他看到的盡是太太與外人在手機上的親密對話。

他氣到發抖，但看著太太的懊惱中帶有「我對你很誠實，所以不想騙你」的模樣，他真的感到很厭煩。

「是，你誠實到重重傷害我，這樣對嗎？」

可偏偏他又離不開。

「我對她的要求，已經是最底線了。她可以不用做任何家事，也可以不用顧小孩……她為什麼還要這樣對我？好像連看到我都厭煩，我真的這麼不值得留戀嗎？」

我們在原生家庭受的傷

加藤諦三曾說：「對某些人來說，即便一輩子要待在地獄裡，也比踏入新生活要來得好。」如果你只要一想到分手或離婚，就覺得自己的人生要毀滅了，那麼，你可能已罹患不愛會死的「愛情上癮症」。

將自我的價值和對方綁在一起

或許你身邊也有這樣的朋友，他們不斷抱怨另一半劈腿，或對他們很糟，但他們卻怎樣也離不開這段糟糕的關係。

身為他們的朋友，我們心裡不免好奇，「為什麼對方一再劈腿，你卻能繼續忍耐？」「為什麼他常常打你，你還不簽字離婚？」好像不管對方有多糟糕，只要對方在，似乎就能一切照舊。也就是不管還有沒有愛，只要不要變動就是最好的選擇，所以，這個選擇根本與對方無關，而跟你自己比較有關。

你將自我的價值和對方綁在一起，所以當對方走了，似乎連一部分的你也被帶走了。這與外遇者為什麼與外遇對象分不開的道理是一樣的。當我們的一部分自我價值與對方綁在一起，即使想離開，但其實是無法離開的。

因為**只要對方一走，就帶走一部分的你了。而你只剩下不被愛的自己**，所以你寧可留住令人討厭的他，也不願承受只剩下獨自一人的孤單。於是，在孤單與不滿的選項中，你會選擇不滿，而無法承接孤單。

讓自己底線無下限

當對方做得愈過分，你就愈退愈多。你一邊傷心的指責對方，一邊卻又讓底線無下限。因為倘若沒有這段糟糕的關係，你就什麼都沒有了，所以留住糟糕的關係，也比沒有關係好的這種「偽安全狀態」，突然變得可以被容忍，但其實這是一種精神上的自虐。

這類型的人不肯承認自己待在一段糟糕的關係裡，他們也拒絕承認「這狀況根本沒有解決」，於是**搬出一件又一件待解決的事情，好像去做很多事情，試圖將這段關係扭轉，但卻無法解決來自心底的新仇舊恨、憤怒和不安**，無法正視彼此的關係已經潰爛和腐敗。

這就像是待在一間被縱火而著火的屋子裡，但屋子裡大聲喊出的不是救命，而是跟別人說：「火是他放的。」然後不肯逃。

不肯逃的原因很簡單，是他會認為如果對方真的要傷害我，那為什麼火放得不夠大，所以他至少還對我有些情分。但最終，你會和房子一起被燒掉。

合理化自己的行為

佛洛伊德（Freud）曾說：「誇大的表現，正是凸顯缺乏。」一般人如果還保有一些理智，大多都不會選擇待在這樣失衡而糟糕的關係裡。

當一個人開始誇大且合理化自己的處境，並持續對自己說：

「我應該還可以再努力些什麼吧？」

「我應該是很愛他才這樣吧！」

這些合理化的說法與藉口都像毒品。有了毒品並不會讓你更好，但沒了毒品，你卻沒戒斷的勇氣和支持，那麼，你也會崩潰。

每一次都說會離開，卻怎樣也離開不了。進退兩難許久之後，對自己也會逐漸失去信心。持續不滿、不快樂，但卻不離開，只是一再告訴自己：

「有他的話，至少我看起來很正常，我有一段看似正常的婚姻。」

這類型的人正在做的是，緊緊抓住另一半，即便委曲求全，也要賴著，否則他將什麼都不是。

你的內在是別人的戰場嗎？

如果一個人發現自己的內在是這樣的狀況，通常都會開始懊惱自己怎麼會變成這樣。

為什麼得倚靠對方，才能定位自己的價值？

為什麼離不開討厭的人、卑劣的人、虐待自己的人？

為什麼逃離了討厭的家，但卻選擇了另一個困境？

當你戀愛的動機是來自於原生家庭中與父母關係的患得患失時，那麼，你就容易感到不安。而處理這份不安的方式，往往是找另一個人來陪。但是，你並無法真的感受到愛，你在處理的，只是自己的孤單而已。

當一個人還沒有確認自己想要什麼就陷入戀情裡，那麼這往往只是想要解決自己內心的衝突，而將自己帶離原生家庭的困境。

這種動機是出自於不安，這種解決我孤單、解決我沒人陪的動機，並不是愛。出自於不安所建立的人際關係，即便令人厭煩，也很難擺脫，甚至像個無賴。

一段健康的人際關係，並不會把自己的內在讓出，當作任人踐踏的戰場，出賣自己的心靈和尊嚴，只為了那糟糕的關係，和被糟蹋的處境。這樣的人，無論怎樣都無法真正從愛中得到成長和救贖，反倒是在原地被傷得遍體鱗傷。

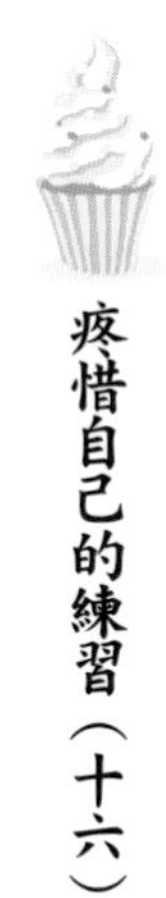

疼惜自己的練習（十六）

親愛的你，現在應該是好好看看這份不安如何影響你在愛情中的姿態的時候了。

你知道嗎？**你害怕失去對方，這個害怕很真實，於是你容忍、你退讓，但你不知道對方的心在哪裡，所以更加不甘心，於是，你整天心神不寧，每天憤憤不平。**

現在，**請舉辦一場「與自己的過去說再見」的告別式**。

時期：＿＿＿＿＿＿，（婚後第幾年、大學時期、國中階段、高中階段……）

對象：＿＿＿＿＿＿，

當時發生什麼事？＿＿＿＿＿＿，

你在當下的想法是＿＿＿＿＿＿，

你當時真實的心情是＿＿＿＿＿＿，

＿＿＿＿＿＿＿＿＿＿＿＿。

如果可以，我想告訴自己的是＿＿＿＿＿＿。

如果可以，我最想與這段經驗告別的是＿＿＿＿＿＿，而當五年後，我會與現在的自己說些什麼呢？

＿＿＿＿＿＿＿＿＿＿＿＿＿＿。
＿＿＿＿＿＿＿＿＿＿，
＿＿＿＿＿＿＿＿＿＿＿＿＿＿。

在別人拒絕他之前，他就先拒絕別人——拒絕型

他不斷談戀愛，但每次都失敗，因為他談戀愛只是為了安撫自己童年孤單時的無助，而不是為了經營兩個人的情感。

「你知不知道媽媽是自己一個人帶孩子，很辛苦，為什麼你不懂事點？」

「你爸爸不要你了，你怎麼還這麼不聽話？」

她掩面哭泣，躲到被子裡，想要隔絕這令人絕望的一切，包括十歲的兒子。

十歲的兒子，卻完全不懂媽媽發生了什麼事，自己又做錯了什麼。

有好幾次，他想靠近媽媽，但卻又很害怕。於是，他無法不這麼想。

「我真是個災難……」

「是我害她變成這樣的……」
「如果沒有我就好了……」

一個多餘的人

當年媽媽意外懷孕，只好倉促地辦了簡單的婚禮，但婆婆看不起她，總趁她兒子不在時，不斷冷嘲熱諷地數落她。

媽媽最終選擇離開這個家，只是對他，好像也沒辦法再付出更多，而且只要他一犯錯，她心底的那個空缺就出現。孩子總不是在控制內的，這道理誰都知道，可誰能接受。

外婆對媽媽的拒絕，讓她感受到自己是拖油瓶，如今，她偶爾也會覺得，小孩的存在是多餘。加上對先生的不諒解與失望，這份情緒也下意識地轉移到孩子身上，她認為孩子不能對她有更多要求，拒絕孩子有需要，並認為孩子有需求都是針對她，找她麻煩。

長大後的他，在每段交往關係中，都無法很投入。他常常無法給予對方肯定和讚美，因為他想像如果讚美對方太多，「對方就會自滿，對方就不會再付出更多。」

他也不敢對彼此的關係加以承諾或規劃，因為他覺得到頭來一定是令人失望的。

只要一和對方吵架，他就封鎖一切，也認為對方一定不會想再理他。為了不被拒絕，他就先拒絕別人，甚至莫名其妙消失，好懲罰對方可能對他的拒絕。

最後他會否認一切，說：

「那女生其實也沒有好到哪裡去。」

「真是好笑，明明是你有問題，卻說我有問題。」

說這些話，其實並沒有讓他比較好受。

他只是太害怕被拒絕，所以用最壞的方式斷尾求生。

我們在原生家庭受的傷

一個在成長過程中常常被拒絕的孩子，他對世界是不信任的。他不相信有人可以幫助他，所以當他遇到困難，他不能講，也習慣不講。

覺察自己不安或恐懼的原因

而在案例中，他所遇上的是第一個主要照顧者對他長期的拒絕，這種被孤立的感覺，就像世界毀滅一樣劇烈且強大。

我記得過去曾接過一個案例，當母親生孩子的氣時，她會威脅要把他冰進冰箱冰死他，所以他後來上廁所都不敢關門，連開冰箱，都要離冰箱遠遠的。對於密閉的空間，也總是有窒礙感。

還有另一個個案，是一個孩子被母親關進廁所，但母親竟然忘記了。所以，他長大後，只要孤獨一人時，他就會感到強烈的不安，甚至莫名的想哭。

他不斷談戀愛，但每次談，每次都失敗，因為他談戀愛只是為了安撫自己童年孤單時的無助，而不是為了經營兩個人的情感。

當我們面對自己的不安時，需要好好看一看這殘酷威脅的來源，就像私家偵探一樣，拼湊出當年可能發生的事，例如一個小時候被母親關進廁所的孩子，那是一種被世界孤立，有誰知道我在這裡，有誰能救救我的恐懼……

如果我們能好好覺察，那麼就能理解，這樣長大的孩子，他們往往會有：

「害怕被拋棄的恐懼」、

「覺得自己不值得被愛的恐懼」，

甚至「認為別人的意圖都是惡意」的恐懼。

疼惜自己的練習（十七）

有時候，當一個人做了一件事，卻不被認同，甚至還被指責時，在那一瞬間，我們往往會有一種不被相信和理解的孤獨感，我們會覺得「自我」受傷了。

不過，想想我們身上的各種器官，這些器官並不會因為別人的否定而不存在，只有「自我」，會因為別人的否定而受傷或崩壞。

所以，**請記得，「自我」是來自於你自己，是來自於你對自己的看法與評價。別人的意見或看法，請僅止於參考，別將他人對你的看法，牢牢像標籤般，貼在自己身上。**

因此，當他人對你說：「你很棒。」固然值得你開心，但當他人對你說：「你很糟。」或「你真沒用。」時，也別就因此否定自己。

善用「萬能選擇篩」

有時，我們的恐懼是來自於擔心被孤立，但你其實可以去注視恐懼，梳理你的恐懼，或者**選擇與自己的恐懼共處，而不擴大恐懼**，讓自己的生活與生命被箝制。

為什麼當他人說：「你這樣真的很不像話。」或「你這樣真的很糟糕。」時，你就覺得自己是這樣的人了呢？除了肯定你自己，知道自己是誰，給自己更多自信之外，你可以**試試「萬能選擇篩」，這是指你聽到的話語，你可以自己選擇哪一些話語，就讓它篩掉，從你指間流走，而不讓它影響你的心情或生活**。

你其實是有選擇權的，請別放棄這份權利。

請記得，你來到這世上，絕對不是為誰帶來麻煩或不幸。只要人活著，傷痛就免不了，但我們只要願意回頭幫自己梳理那些過往的傷痛，那麼，我們就能繼續往前走。

她發誓一輩子不結婚——無法愛型

年近三十歲的她，雖然各方面的條件都非常好，但她卻早已決定不婚、不生。

她不是沒渴望過戀情，只是往往在戀情發展得還不錯，而對方要有下一步結婚的打算時，她就會立即分手。而當年齡漸長，她的擇偶條件也明確的變成「不婚、不生，相伴就好」。

她在大家庭中長大，從小她看著媽媽包辦家族中所有的事，而且每當她煮了新菜色，就會不忘叮嚀她：「這些菜，你都要學會，這樣嫁到人家家裡，人家才會疼你。」可是，她卻忘不了每回媽媽辛苦做完菜，卻總被奶奶嫌棄到只能躲在廚房偷哭的狀況。

後來，媽媽離了婚，但從懂事以來，她就覺得媽媽是長期被勒索，她一點都不想重蹈媽媽覆轍。

我們在原生家庭受的傷

有時候，我們會以拒絕付出，來避免受到傷害。案例中的女孩，為了不想步上媽媽後塵，所以決定「不婚、不生，相伴就好」，看起來她似乎掌握了人生的自主權，但真是如此嗎？她真能活出與母親不同的人生？又或是她的決定，其實還是原生家庭裡父母關係的延續呢？

孩子容易吸收父母的情緒

在家庭治療中，我們常會提到「家庭投射歷程」，意思是指**家庭的情緒往往在不自覺的狀況下，以某種隱晦、間接的形式，在家庭中的每個成員身上流動。**

例如，當媽媽受到委屈、一肚子氣時，她在家中會感到煩悶，而這樣的心情就會很容易讓她對孩子感到不耐煩，或是當一個媽媽在家自暴自棄，當孩子看到媽媽自暴自棄的樣子，孩子很容易會感到無助、有壓力，也會覺得這都是其他長輩害媽媽的，於是開始拒絕聽從長輩的要求，不過，這反而容易讓長輩更加有理由，對媽媽施壓：「你連小孩都教不好。」

而當這樣的情緒在家庭中流動時，家庭成員中的某一人可能會是吸收最大情緒的個體，好排解這些焦慮所引發的衝突。

而**在華人社會中，通常是長子或長女擔任這樣吸收家族情緒投射的角色**。因為他們是家中的第一個成員，常常會被賦予長姊如母、長兄如父的職責，進而直接扛下家中比較多的責任，甚至還需要負責排解家人之間的紛爭，但有些家庭，則是最聽話的孩子擔起這個責任。

重新思索與重視自己的需求

其實，我們必須理解，父母的婚姻可能都有他們當年的難處，哪怕是我們，如果處在當時的時空中，可能也無法更妥善的面對或處理。

所以，除了對當年的父母多一些諒解，另外一項功課是我們也需要回頭看自己，回頭看看我們自身的需求，因為只要是人，就都有被愛、被尊重、被信任、被照顧的需求與渴望，所以，請別讓父母過往的相處經驗，阻礙了你獲得幸福的任何可能與機會。

疼惜自己的練習（十八）

無論我們現在做什麼樣的決定，我們都需要好好整理自己的過往。

步驟一、回到自己的靜心時刻：

閉上你的眼睛，想一想，你最難對別人袒露的是哪一些部分的自己，是五歲被親戚說你臉很臭、愛生氣的自己？是七歲時，被同學欺負的自己？是十歲父母離異、不知所措的自己？是十五歲考試失利？十九歲時失戀？還是三十歲，失婚的自己？又或是三十一歲被小孩拒絕，難以承受的自己呢？

無論是哪一個時候的自己，都請閉上眼睛。當你閉上眼睛，你眼前浮現的畫面是何時的你呢？請將那些時刻簡要的依序寫下來。

?歲________。

?歲________。

?歲________。

步驟二、承接感受的暖心練習：

想一想，當你感受到悲傷的時候，你都怎麼做呢？請依以下步驟，好好承接這份感受，寫下它。

「當年的那件事，我感到________（例如：傷心）。」

「將________表達出來，不會怎麼樣……」

「將________表達出來，我並不會被剝奪……」

「將________表達出來，我依然是安全的……」

「我接受我的________（傷心），因為很多人都會這樣。」

「即便有了________（傷心），我依然是很好的。」

「即便有了＿＿＿＿＿（傷心），我依然是值得被愛的。」

「即便有了＿＿＿＿＿（傷心），我依然是值得被喜歡、被欣賞的。」

步驟三、和父母的人生分離：

我們必須釐清自己的人生和父母的人生，終究是不一樣的，如此我們才能真正成為一個為自己的生命做決定，而不是活在父母的陰影底下走不出來的人。

上述的案例，我們可以這樣釐清：

「是的，當我想到過去父母離婚的經驗，我感到很受挫、很無助，但那是父母的經驗，那是母親的傷痛，那不是我的。我可以警覺，但不要矯枉過正，我可以對自己有更多信心，我也相信自己值得被愛、被珍惜。」

如果因為父母的婚姻經驗而導致你對婚姻恐懼，對父母失望，那麼，建議你：

一、列點下來：

例如：

他們身為父母，就應該有能力處理自己的婚姻。

他們身為父母，就應該有能力照顧孩子。

他們身為父母，就應該要懂小孩在想什麼。

他們身為父母，就應該知道小孩的需要。

他們身為父母，就應該懂得處理自己遇到的每件事。

他們身為父母，就應該知道每件事該怎麼做最好的決定。

他們身為父母，就應該懂得怎麼在家族中應對進退，讓大家和樂融融。

二、充分質疑：

1.他們身為父母，就應該＿＿＿＿＿＿＿＿＿嗎？

雖然他們身為父母，但他們不見得知道＿＿＿＿＿＿。

2.他們身為父母，就應該＿＿＿＿＿＿＿＿＿嗎？

雖然他們身為父母，但他們不見得知道＿＿＿＿＿＿。

3.他們身為父母，就應該＿＿＿＿＿＿＿＿＿嗎？

雖然他們身為父母，但他們不見得＿＿＿＿＿＿＿＿。

4.他們身為父母，就應該＿＿＿＿＿＿＿＿＿嗎？

雖然他們身為父母，但他們不見得＿＿＿＿＿＿＿＿。

5.他們身為父母，就應該＿＿＿＿＿＿＿＿＿嗎？

雖然他們身為父母，但他們不見得＿＿＿＿＿＿＿。

也許做完後，你會發現「真的嗎？」「真是如此嗎？」「他們可能不知道怎麼做嗎？」「他們不是應該知道怎麼辦嗎？」「他們是大人耶！怎麼會不知道怎麼辦呢？」

當我們知道父母的有限，並不是要讓自己對他們感到失望，而是我們要理解，每個人在他們的人生中，並不總是順遂的。

小時候在我們眼裡無所不能的父母，或許都有他們自己的困境與侷限，而如何不讓父母不幸又悲傷的婚姻，影響我們對愛情、婚姻的看法，是我們可以努力覺察與反思的，甚至或許我們還能藉此提醒自己，如何做，才能獲得幸福。

輯三

我們不能選擇家庭，但可以選擇改變自己的人生

只要自己忍下來，就不會爭執不休——忍讓型

他渴望太太能認同他、讚美他，因為那能彌補他從小到大都沒獲得的肯定。

「你這沒良心又沒用的人，我只不過是要你下班後順便買個菜，是會怎樣？」太太忍不住生氣地質問先生。

只要太太一跋扈，他馬上就範。

雖然就範了，但他不免嘀咕，「老婆，你怎麼這樣說我啊？」

「你有什麼意見？」太太有點怒意的問。

「算了……」他臉垮下來，不再多說什麼。

「少在那邊不情願，這對你來說是很簡單的事情。你這人老是小氣又愛計較。你

看隔壁誰誰誰的老公，才不會這樣，把他老婆捧得像太皇太后，不像我，遇到你這種的……」

他已經厭煩太太的說詞，只要他不從太太的願，如果不是羞辱他，就是回娘家，向長輩告狀，接下來，全世界都會怪罪他。

他已經受夠這樣的關係，臉露無奈的表情，不情願地說著：「你如果比較喜歡當太皇太后，去嫁他啊！」

「你在說什麼啊？我是倒了幾輩子的楣才嫁給你，你再給我擺那張臉，試試看。」

太太頤指氣使的態度，把他貶低到極點。他害怕別人對他不滿的神情，尤其是太太。但他其實是一個工作能力強、自尊心高的人，他也不懂自己為什麼可以如此忍受太太的責罵。

轉移父母之間衝突的孩子

從小，他看著自己的父母吵不停。當時在他小小的心靈裡，他常常覺得是不是只要爸爸或媽媽其中一個人願意忍讓一下，或是不是自己更乖、更孝順，那麼爸爸媽媽應該就不會吵了吧，於是，他不斷的追求好表現，藉由優異的表現、乖巧，並且凡事忍讓，希望讓父母開心。

他最愛聽到父親說：「我這個三兒子，是我們陳家的驕傲，他喔……」彷彿藉此轉移父母之間頻繁的衝突。從此，他要求自己，不讓任何人擔心、不被挑剔、不讓任何人有指責他的機會。

結婚後，他自認為對家庭、太太盡心盡力，但太太卻仍然不滿意，還常常以言語奚落他。

他沒想過反擊或放棄，反而更傾盡所有，只為了讓太太開口肯定「他是個顧家、脾氣好、溫順的好男人」。他渴望太太能認同他、讚美他，因為那能彌補他從小到大都沒獲得的肯定。

一個愈努力，卻愈煩悶的男人

他默默希望透過自己的努力，營造一個寧靜、溫馨的家，但沒想到，不僅無法如願，他竟漸漸變成一個在感情中壓抑到極致的怨夫。

他有苦說不出，除了覺得被太太無止境地壓榨外，還要讓太太娘家的人糾正、指責該怎麼做，這些煩悶鎖在他內心深處裡。

他無法接受與面對自己的努力是無效的，只要一察覺無效，他就更努力。只是這樣的忍讓並無法解決他們夫妻之間的衝突，反而是讓他不斷重複看到他父母之間，永遠彼此貶抑、恥笑對方不夠好，以及永無止境、令人生厭的抱怨。

我們在原生家庭受的傷

上述案例中的這對夫妻，他們的互動其實在我們的生活周遭非常常見，也就是「個性溫順好人型的先生—幼稚自私的太太」或「能力好的完美女神太太—無法自理生活的魯蛇先生」這樣的組型。

案例中的先生因害怕被嫌棄，所以常常壓低姿態面對太太的頤指氣使，這成為他們之間的互動模式。因此，並不是太太太過度囂張、跋扈，導致先生低姿態，而是先生的低姿態，也促成了太太的囂張態度。

「一方跋扈，一方隱忍」的惡性循環

家庭問題往往是夫妻雙方同時促成目前的互動模式，所以雙方都有責任，也都要為目前的關係負責。

兩人會被對方吸引，一定有很多因素，包括性格、習慣、態度和觀念，甚至兩方家庭的互動等等，但就夫妻雙方而言，先生的懦弱和委曲求全，正好加強了太太頤指氣使的態度。

我們常在伴侶關係中聽到：「如果好好講，他會聽，我幹嘛這麼用力？」但你也會聽到先生說：「她平常都不尊重我，我不想讓她得逞。」當先生愈不讓太太得逞，太太就愈囂張。太太愈囂張，先生就更要不到他要的尊重，導致「一方跋扈，一方隱忍」的惡性循環。

這樣的惡性循環將一而再，再而三對彼此的感情產生殺傷力，導致雙方都很無力。

當一個孩子從小看見父母是這樣互動，例如：媽媽常對爸爸大小聲，爸爸都悶不吭聲，那麼，這個孩子可能會做出以下幾種選擇：

一、認同媽媽的大小聲：

這類型的孩子認同身為女生就是要強勢。你看媽媽都已經這麼強勢了，還制不住爸爸，那麼，如果不強勢還得了？如果這孩子是女孩，就容易承襲媽媽的做法，認為家中一定要有人強勢的出頭，否則整個家會亂。

二、不認同媽媽的大小聲：

有些孩子會看穿母親大小聲背後的無奈。這類型的孩子可能媽媽私底下會跟她講心事，也會說出自己「嫁錯人」、「你看我這麼挑，卻挑到這種木頭人。」**當孩子吸收到母親對自己或對婚姻的無助、無望，他們會看穿母親大小聲背後的脆弱，並且從中安撫和試著協調父母之間的衝突。**

三、認同父親的不作聲：

這類孩子認為父親很可憐，總是忍讓母親的大呼小叫，卻不選擇反擊和爭執。

他們認同父親的壓抑，也覺得當遇到事情的時候，採取「不做不錯」的方式才是上策。他們體貼父親的忍讓，並在日後的親密關係中忍讓另一方的無理取鬧，也較為害怕衝突。

四、不認同父親的不作聲：

這類型的孩子認為「默不作聲」是懦弱的行為，並且針對父母的衝突，他們比較有自己的想法和意見，並希望父親能夠清楚說出自己的觀點和想法，不要以退縮、逃避或睜眼說瞎話的方式躲避問題。

這類型的孩子較不害怕衝突，常能直言說出父母問題的癥結點，但父母的迴避態度，同時也會讓他感到挫折，**有些孩子會以「我看開了，他們沒救了」的觀點來看待父母之間的關係，有些則是一輩子為父母奮戰，希望能成為父母問題的解救者**。

五、其他：

有些孩子認為父母的吵吵鬧鬧或者到最後冷若冰霜，這些都失去關係的甜蜜和溫度，他們會要求自己不要像父親默不作聲，但也不要像母親跋扈囂張，**他們遊走於**

拯救者、受害者、協調者和不愛者的各種角色中，希望能從父母的婚姻中得到教訓，以便和伴侶間能有新的可能。

無論孩子最後選擇哪一種角色，認同父母哪一方，這些角色都會因孩子的個性，以及對於父母衝突中的結論，去嚮往和掌握自己的關係樣貌。

因此，**我們需要對自己的選擇有所覺知，對於自己選擇的角色有所了解，以及看見在現在關係的適用性，並保持彈性地面對自己與自己，以及自己與另一半的關係**。

在親密關係中，可能有惡性循環，也有良性循環。對於惡性循環，我們需要覺察，並嘗試調整。但除此之外，我們也需要多讚賞彼此，給彼此正向回饋和多鼓勵對方成長，靠良性循環儲存對彼此的正向感受和信任，如此一來，才有機會一反從父母婚姻裡受的傷，化原本阻礙關係的絆腳石，成為關係的墊腳石。

疼惜自己的練習（十九）

我們從上述「**總認為自己是受害者**」的案例中，可以回頭觀察自己，你和主要照顧者之間，彼此是怎麼互動的呢？在你們互動的過程中，又是如何彼此回應？

例如：你有一個權威型的父親，家中很多事情都是父親說了算，母親在家中沒什麼聲音，僅是搭配的角色。那麼，在家中，你比較認同誰？當你在自己的親密關係中，這對你有影響嗎？又是如何影響？＿＿＿＿，＿＿＿＿，＿＿＿＿。

你家中主要照顧者間相處的情形：＿＿＿＿，＿＿＿＿。

你最認同誰？＿＿＿＿。

你最不認同誰？＿＿＿＿。

面對他們之間的互動，如何影響你在親密關係中的信念？＿＿＿＿。

想一想，你在伴侶關係中決定要當一個＿＿＿＿的人，但當你愈是這樣做時，對方的回應是什麼，＿＿＿＿你喜歡這樣的回應嗎？

如果想要調整，你會怎麼和對方溝通呢？＿＿＿＿＿＿＿＿，

＿＿＿＿＿＿＿＿＿＿＿＿＿＿＿＿＿＿＿＿＿＿＿＿。

我們都希望自己在關係中是被喜歡、被珍惜，也是最被對方寵著、疼著的那個人，但**當與對方的關係不順遂時，我們也得想想自己是否需要調整，而不是一逕要求對方改變或埋怨對方**。

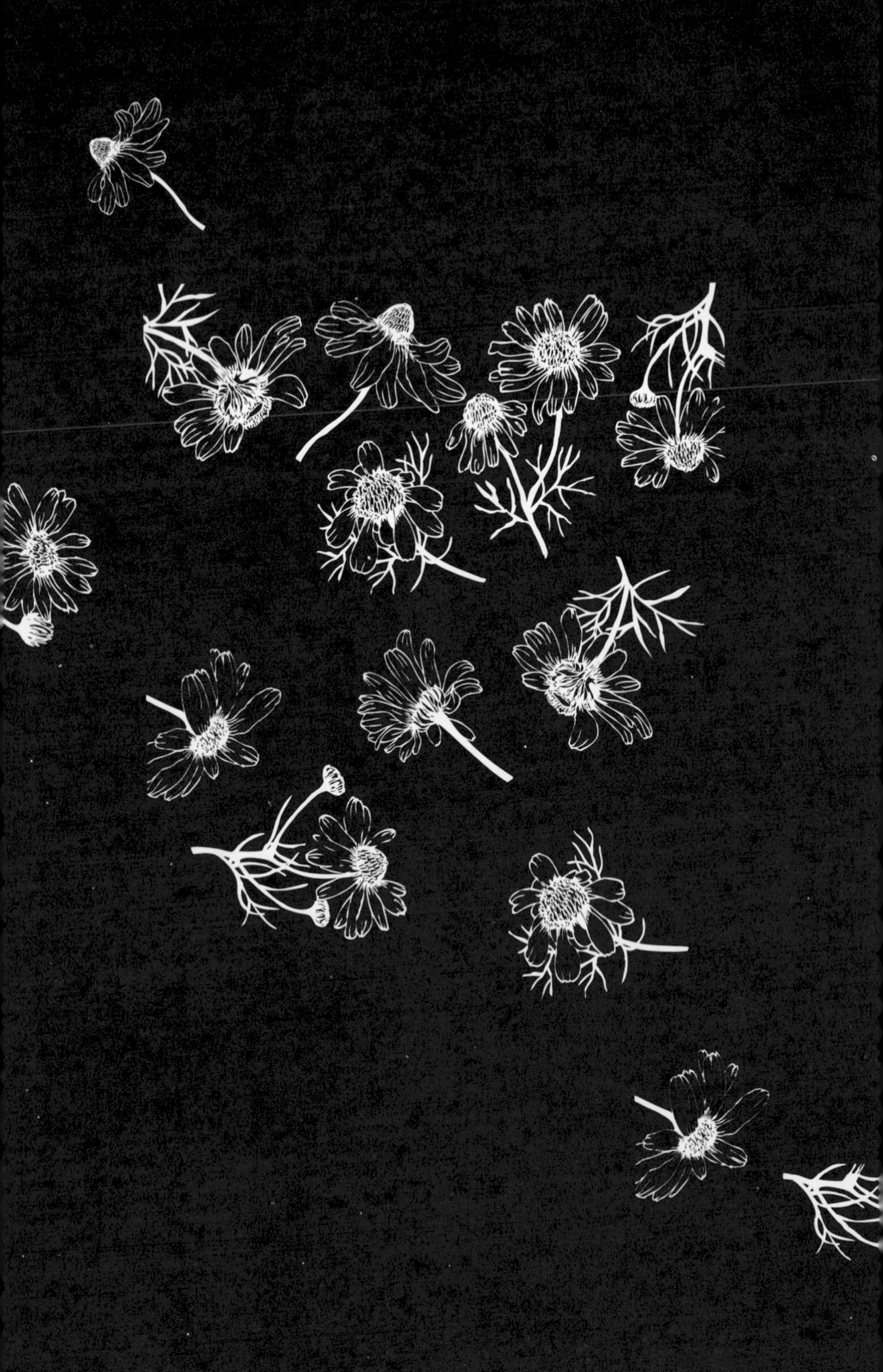

只要是人，都可能感受到我不好、我讓身邊的人不滿意了、我做的不是很正確、我犯了一個錯，這些都是人生中的一部分。

但這不表示你不好、你不好、你沒有價值，所以也請多肯定自己，並給自己一個機會，允許自己和脆弱共處。

一交女友，就腦殘——拯救者型

「無論對方要什麼，我都答應，為什麼她還要離開我啊？」他難過地問。

在別人眼裡，他從小就是個品學兼優的好孩子，但他在感情上卻十分不順。

「為什麼你這麼晚回家？你都忘記我在家等你嗎？」他才一進門，女友就面露不悅。

「北鼻，我有傳訊息給你啊，而且我只是比平常晚回家五分鐘而已……」他痴痴地笑，露出拜託的神情。

「我不管……今天，你要怎麼補償我？」女友仍然不滿。

「不然我請你吃大餐，補償你一天等我的辛勞，好不好？」

「耶，你最好了！」看見女友終於露出笑容，他覺得這真是一天裡最可貴的時刻了。

女友不願外出工作，他覺得沒有關係，就讓他負擔兩人的生活。不過，女友只要一點點不開心，就會把帳算在他頭上。

但他從來不埋怨，因為他覺得愛就是要付出全部，愛就是要讓對方滿意。

「他喔，只要交了女朋友，就像腦殘了一樣。」朋友這麼說他，他也都概括承受。

他一向任女友予取予求，沒想到，女友最後卻移情別戀了。

他非常氣憤，兩人吵了一整晚。最後，他搬離了傷心地。

他始終責怪自己

進諮商室的第一句，他傷心地問我：「我到底做錯了什麼？」

其實，我知道他想問的是：「是我少做了什麼，讓這段感情變調嗎？」原來，他始終在責怪自己。

我對他說：「你可以停止責怪自己嗎？你的問題在於，你做得太多了。」

從小，他爸媽吵架時，爸爸就會責怪媽媽：「要不是看你有錢，我怎麼會娶你？」後來爸爸外遇，想離婚，但媽媽卻不同意。因為媽媽覺得離婚會讓家庭破碎，她不想擁有一個不完整的家庭。

後來，爸爸想創業，媽媽為了留住爸爸在她身邊，總是回娘家借錢，結果，爸爸卻一再投資失利。

媽媽總是說：「你爸爸只是運氣不好，他也沒什麼不良的嗜好，所以我們沒有理由不給他機會，不是嗎？」

但大半輩子過了，爸爸永遠在女人堆及投資失敗裡打轉，而媽媽卻永遠對爸爸抱持著希望。

媽媽寧可擁有一個內在已破碎不堪的婚姻，也不肯放手。

我們在原生家庭受的傷

當別人對你予取予求，你的感受是什麼呢？

「那也沒什麼。」

「我還可以承受。」

「我意志力很強。」

「我承受力很好。」

如果你的回答是屬於這一類型，那麼，其實你並沒有回答到問題。

因為，那是你說服自己的方法。

為什麼我們無法憐惜自己？

我換一個問法，「如果今天你看到A對B予取予求，而B是你重要的家人，你的感受是什麼呢？」

如果你的答案是充滿憐憫、惻隱之心，還有生氣或憤恨，那麼，我想問你，你怎麼沒想過要這樣憐惜自己呢？

憐惜自己，不代表你很弱。因為，在不懂拒絕之下，一個人只會被掏空。而被掏空之餘，卻還眼巴巴著對方可能會愛你。只可惜，對方不但可能不會愛你，甚至還沒看見你。

為什麼我們總要換個角度，才能看見自己？

為什麼我們無法看見自己的需求？

這個答案，其實很多人都一樣，因為你不習慣看見自己的需求。

通常當一個人把自己的需求縮到極小極小時，就很容易讓對方對你頤指氣使。親密關係是公平的，也是一個互動的過程，「當你愈怯懦，對方就愈囂張」、「當你愈紳士，對方就愈無賴」，這不一定是個定律，但如果你遇到對愛感到沒安全感，對自我也感到破碎的另一半，那麼，就很容易被予取予求，要求無上限，甚至當你已經付出全部時，還被對方挑剔做得不夠多、不夠好，而當你讓出自己的一切時，對方卻可能覺得這原本就是應該的。

就是這一句「應該」，你需要劃出自己的底線。**劃出底線不代表你能力不夠、承受力不足，或挫折容忍力不夠，而是這是你拿回自尊心，讓對方也有機會尊重你的感受**

的表現。

在親密關係中，更需劃出相處的底線

在親密關係中，當你不習慣看見自己的需求，當你不習慣提出自己的需求，對方就容易忽視你的需求，而且對方最常脫口而出的說詞是：

「你又沒講，我怎麼知道？」

「你什麼時候有這種想法了？你不是都沒意見嗎？」

「你不是說『我說了算』，現在是怎樣？」

於是，你更不開口提到自己的需求，因為你覺得承認自己有需求，就好像讓對方說中了，或看穿了，但這是家人間的關係，不是商場的對價關係，**如果你提到自己的需求，都還要擔心對方鄙視你、嫌棄你或羞辱你，那麼這樣的情感關係或許不該再繼續。**

疼惜自己的練習（二十）

你最害怕的心情或狀態是什麼？是膽怯、羞赧、喜悅、快樂、享受、盡興、疲累？還是墮落、無希望感、失敗、驕傲、高興……

請你回憶在你小時候，當你有這樣的心情時，通常你會被如何對待？

在誰面前，你最不被允許有上述的感受？

在你小時候，曾經看到誰有這樣的感受，但結果卻是不好的，以至於你開始也跟自己說，不要跟他一樣？

每一個你不允許自己所擁有的感受，都請你問自己「為什麼？」

例如：為什麼你不能承認累了？為什麼你不能生氣？為什麼你不能感到羞赧？為什麼你不能感到享受？為什麼不能快樂？為什麼不能玩樂？為什麼不能膽怯？

相信每一個「為什麼」的背後，都有一個專屬你的故事。

將你最想記錄的故事寫下來。

__________，

__________。

__________。

想一想，在你身邊的朋友，有沒有相反的經驗？

例如：有誰羞赧，卻沒被責備；有誰疲累了，被好好照顧；有誰很快樂，且感染身邊的人等。

我們每個人的心情和感受都有它必然存在的價值和意義。當我們過度在意他人的評價時，就容易被別人牽動且掌控，進而讓自己活在他人的想法與評價裡。

但如果我們過度忽略的時候，就容易否定自己的感受，否定身邊也有相同心情的人，甚至是否定孩子有這樣的感覺，然後自己和孩子都陷入這個迴圈，跳脫不出來。

就像案例中的母親，認為「委曲求全，無私的拯救另一半的愛，才是愛」，以致她的兒子在與女友相處上，總是毫無限制的被予取予求，最後還認為被劈腿是自己的錯。

我們當父母的人，都不想自己身上的傷，在孩子身上重蹈覆轍，所以我們身為父母，應該從我們自己開始，將感受重新感受回來，無論是不好的、髒的、壞的、不被允許的，我們都要相信，那就是我們，**也請跟這個部分的自己說：「我接受你，無論你是怎樣的，我都接受你。」**

不斷逃避結婚的男友——無法投入型

「我是跟你結婚，又不是跟你媽結婚，為什麼你要一直問你媽？」女友忍不住生氣地問。

「我們都已經三十好幾了，也該結婚了吧？」

收到許多紅色炸彈，女友順勢問了他一下。

「我覺得緩一緩吧！」她聽到這句話，臉色一沉。

「為什麼？你也老大不小了，難道要等到我人老珠黃，都沒辦法生小孩了，你才要娶我嗎？」女友語氣裡掩藏不住惱火。

「這種事情，我要跟我媽討論，我們要尊重長輩的意見。」

「我是跟你結婚，又不是跟你媽結婚，為什麼你要一直問你媽？」

她不是不尊敬長輩，只是每一次提，男友都拿長輩來擋，她實在受不了。

母親不斷對兒子耳提面命

每當女友提出要和他步入結婚禮堂，他就非常焦慮。

「女人都不能相信啊，依照你的個性，你結了婚，一定又會離婚。她們要不是覬覦你的財產，就是我這邊的房子。」

「我看人很準，你記不記得隔壁的王先生？隔壁的老王，我才跟他說，娶那個女生不好，結果他就出事了，早年中風。」

母親的耳提面命在他心裡變成一個牢籠。他需要愛，但對女生沒信心，也對自己能否留住一段長久的關係，沒有把握。

他相信母親精準的眼光，但也害怕母親質疑的神情，那些對他未來的「早知道」都像一則則驕傲的預言，他害怕被說中。

當女友提到結婚、婚禮、寶寶時，他沒有雀躍與幸福感，反而有種被詛咒的聲音在心裡迴盪著。

他能想像一旦他結了婚，母親將會有多瘋狂的施下更多咒語。

母親所真正害怕的事

「為什麼我們不能維持現狀就好？現在這狀況不是很好嗎？」

「拜託，饒過我好嗎？讓我耳根清靜點，好嗎？」當他這樣央求女友，女友只覺得他根本是在逃避問題。

相愛的兩人結婚不是理所當然的事嗎？為什麼卻變成她一直在勉強對方。

他不敢跟女友開口的是，我媽曾說：「等我四十五歲結婚，那時候夠成熟了，和另一半也才能相安無事。」

最後，他選擇與母親的建議妥協。他好像又回到小時候，母親幫他安排學英文、心算一樣。

不過，母親沒讓兒子發現的是，她其實真的很害怕兒子結婚，畢竟兒子是她的全世界。這種對兒子的占有，變成一個又一個可怕的預言，而兒子讓一個個預言成真，他們母子倆彷彿共同謀畫了他們跳脫不出的命運。

我們在原生家庭受的傷

在我們成長過程中，我們會慢慢理解到，父母並不完美，他們並非全知全能。父母會有他們不知道的事，會有他們的擔憂、恐懼與脆弱，甚至也會有他們不知所措的時候。

不准孩子長大的父母

成為父母，其實往往是重新經歷自己童年成長的過程。

於是，父母很容易在我們身上投諸於他們小時候沒有完成的願望和遺憾，也希望我們不要重蹈覆轍他們不喜歡的事情，更不希望我們重新經歷他們不快樂的過往，於是，我們很自然而然地變成父母的延伸。

這些延伸是很自然，也是很能被理解的，但當我們慢慢長大，這些延伸就會進入一個進退拉扯的過程。

有些孩子得離家才能喘息，有些孩子則是仍然不斷討好父母，只因為希望被認同。

不准孩子長大的父母，往往忘記了一件事情，那就是我們養兒育女的初衷。

父母為什麼要養兒育女？如果我們只想要一個聽信自己話的粉絲，那麼根本不需要養兒育女。養兒育女從過去養兒防老的目的，到現在有更新的意義，那就是讓孩子用自己的腳，走自己人生的路。

所以，**成年後的我們，可以慢慢學習辨認一件事情，父母對我們的要求是來自於成長性的動機，還是匱乏性的動機？**

成長性的動機會支持和好奇孩子的長大，不會因為孩子長大，而引發他們被拋棄或不被尊重的焦慮，他們願意支持孩子，讓孩子成為他自己；而匱乏性的動機則相反，當你和父母意見不一，他們無法尊重你，也無法支持你。

接受父母也有他們的困境與局限，這很重要。

我們的父母，手足往往很多，他們可能得被迫接受功課好的手足才會被關注、被迫接受重男輕女、被迫接受許多不公平的待遇，那是他們的傷痛，而當他們成為父母，他們很容易對我們過分關注，緊抓不放，因為這是他們過往成長所缺乏的。

「緊抓子女不放」的父母，心裡其實很不安

也許我們可以想想，「緊抓子女不放」的父母，他們心裡是有多不安。

這類型的父母，他們無法和孩子共同感覺目前的狀況，要不就是干涉太多，要不就是全然拒絕，或者如果不按照他們的意思做，他們就威脅或示弱，以便能喚回孩子的一絲服從，以便能顯得自己對孩子仍有影響力。

這類型的父母對於孩子的反彈，完全沒抵抗力。他們也很容易卸防或感到害怕，孩子的反彈，挑戰到他們不穩固的自我。

當父母「我對你不再有影響力、我對你不再重要」的危機意識被喚起，他們就容易感到自己被質疑、感到不安、覺得自己很失敗，於是指責小孩不乖，不懂事、不聽話。他們會說：「你不聽話，一定會有很悲慘的下場。」或者搬出，「我吃的米比你走過的路還多」這一類的話，**他們將自己的焦慮丟出去，以便證明自己還沒有失敗**。

以威脅、恐嚇、怒氣、撤回關愛，來讓孩子就範，這些對於成年的孩子來說，長久下來，已經變成心理上很難放下的負擔和枷鎖。

當對方說：「好啊，你去啊。」其實是在說：「你不准去。」

當對方說：「你結婚，我一個人就好。」其實是在說：「我一個人活不下去。」

當對方說：「你自己快活啊，不用管我。」其實是在說：「你沒照顧我，真沒良心。」

這些負擔和枷鎖，在在都反映著父母對於情感的渴求。

孩子必須停止接住父母的焦慮

但當孩子因為這些情緒勒索而遷就父母時，就愈容易讓父母覺得這些束縛是應該的，因此，也無法讓彼此都學習如何跳脫這樣的窒息關係。

面對這樣的父母，我們可以做到的是，停止接住對方的焦慮，並且冷靜、理性的還給對方，然後告訴對方：「我知道你很關心我，也知道你很焦慮和擔心，但請讓我去試試看，好嗎？謝謝你如此愛我。」

放下對方的焦慮，試著用自己的腳，走出自己的路，是我們每個人在成長道路上的功課啊。

疼惜自己的練習（二十一）

你常常對「我都是為你好。」「我都無所謂……」「不用顧到我……」「犧牲我吧！沒關係的。」這些話感到痛苦萬分嗎？

這就是欲拒還迎、以退為進的情感勒索啊。他們其實沒說出口的是：「我需要你重視我。」

該怎麼辦呢？我們可以試試，先不要太快對對方所說的「我都是為你好」表示同意，反倒可以表達對於這樣的話，感到有所質疑。

例如在前述案例中，當媽媽要求兒子四十五歲才能結婚，兒子可以回應：

一、「我知道這是你的想法，你認為要這樣做比較好。」

二、接著繼續說：「但我想試試不一樣的，這是我的人生，讓我來負責吧。」

母親會有什麼反應呢？可能會有以下三種反應：

一、雖然感到震驚，但願意慢慢消化兒子的做法。她會觀望後續的發展，待漸漸放心之後，也開始為兒子有自己的做法而高興。

二、看到兒子自顧自地按照自己想做的方式，她會表達不滿、對兒子生悶氣，也許情緒崩潰、也許不斷叨唸、也許會失控，說兒子不聽話，指責兒子不像樣。

三、對於兒子的反彈感到焦慮，於是跟兒子講更多。

當父母責備我們，不再是他們「熟悉的那個人」、「認為你變了樣，讓她很難過」等，面對父母如此，其實你不用太傷心，因為你正在往為自己決定和負責的路上前進，也慢慢擺脫依賴性的心理。

父母養兒育女的目的，無非是希望孩子能成為獨當一面的大人。而成年的我們，當依循自己心裡的渴望，做自己的抉擇，這也是**讓父母知道「原來，孩子可以按照自己的渴望去活！」「原來，我的孩子長大了，他會過得很好！」**

而當我們把自己過好，就是給身邊愛我們的人，以及回饋給父母最好的祝福！

無法僅滿足於一段親密關係——遊戲人間型

他混亂的重演父母感情荊棘的片段，走不出來……

「這一次，我不會再這樣了……求你原諒我……」

「拜託，你接電話好嗎？……」

「你是不是真的打算從此不理我了？……」

一封封訊息，像是被吞入無聲又黑暗的海底。

他想，這次，應該無法留住她了。

其實，這也不能怪她，因為她已經抓到他好幾次和別的女生曖昧，甚至還發生關係。

渴求愛，但卻不斷背叛對方

他無法滿足於一段穩定的關係，是來自於他的父親。

他爸爸常對他說，女人難捉摸，千萬不要只鍾情於一個女人。他與媽媽的關係自從降到冰點後，因為媽媽不願離婚，所以爸爸就只能藉著不斷外遇，享受著「反覆將對方弄到手，再拋棄對方」的快感。並透過這種優越感，來處理他和媽媽之間無法跨越的衝突，以及糾葛的關係。

沒想到，自認和父親完全不同的他，卻發現自己對於感情「得到又拋棄」的過程，竟然也有種快感。其實，他始終得面對的是，他內心底層是如此害怕被父親拋棄，就像他的母親及其他被他父親拋棄的女人們一樣，於是，他先下手為強。他每愛一個，就拋棄一個。

他混亂的重演父母感情荊棘的片段，走不出來……

在看似荒謬的、玩世不恭的感情世界中，他是一個渴求愛，但卻不斷背叛對方的怪物。

我們在原生家庭受的傷

為什麼我們身邊總有遊戲人間型的人？有以下幾點原因：

一、創造遺憾感：

對遊戲人間型的人來說，要給承諾很容易，但要達到很困難。

他們擅長在重要關係中創造讓你意料之外的遺憾，也許是在交往關係到某個階段時，突然告訴你，他有另一半，或是當你對對方掏心掏肺時，他跟你說無法繼續相處下去。

看見你又驚又怒的表情，是他們意料之內的事。而這樣反覆經歷遺憾的關係，則是與他無能深入一段關係，以及童年經驗帶給他的破碎自我有關。

二、蒐集戰利品：

有些人將愛情關係當作一種蒐集。在喊價時，放在高處的戰利品看起來很珍貴，但等到手時，卻覺得失去挑戰性，甚至被放到倉庫生灰塵。

當你看見一個男人／女人，細數他的幾任前男／女友有多厲害，他在講的不是你有多珍貴，幫你拉抬身價，而是在暗示你，當掉入他的愛情裡，你就不被珍視了。這與商品剛到手，覺得很新奇，但擺了幾天，卻膩了的道理一樣。戰利品，就像預售屋，永遠只有在一開始幾天閃閃發光而已。

三、拉抬身價：

當一個人腳踏多條船，需要左哄右騙時，彷彿享受著皇帝坐擁三妻四妾的權力，瞬間也拉抬起自己的身價；另一種手法則是刻意創造「不穩的正宮地位」，再讓她們之間互別苗頭，創造一種爭寵心態。

四、重新經歷受害者經驗：

有些人透過「給承諾，再毀承諾」的負向循環，重複創造受害者的失望感，似乎想處理自己童年的遺憾，但卻製造出更多與他相同處境的人。

五、渴求優越感：

有些人會藉著輕蔑別人，來重獲某種優越感。但對這些人來說，這就像是一種成癮，他們並沒有真正處理到自己生命中的問題。

遊戲人間型的人視脆弱為無能，也視脆弱為一種手段。他們示弱的目的，是引發對方也拿自己的脆弱來交換，進而增加自己的優越感。所以，對於遊戲人間的人來說，他們的世界根本沒有別人，只有自己。他永遠嘴巴說以你為重、最愛你，但其實最終他最愛的還是他自己。

疼惜自己的練習（二十二）

裴斯塔洛齊（J.H. Pestalozzi）曾說：「你可以把魔鬼趕出自己的花園，但你還是會在你兒子的花園中找到它。」

當我們過去被父母輕蔑、鄙視、不受重視時，我們的自我是破碎的。當我們還是孩子時，父母的一言一行，會讓我們氣得跳腳或悲傷得泣不成聲，這麼多的痛苦和難受都潛藏在內心的黑盒子裡。

我們能全然接納自己嗎？我們能夠接受自己多少的黑暗面？我們能接受自己曾經不懷好意，想傷害人，想破壞別人的好事情，或為別人的幸福感到嫉妒嗎？**如果我們無法面對與處理這些黑盒子裡的東西，這些黑盒子裡的東西就會一直來找我們**。

步驟一、標誌你的黑暗地標：

我們這輩子常有許多引發我們生氣、嫉妒、不滿的爆點，這些爆點都是你的黑暗地標，直指著**過去沒有處理好的失落與傷痛**。

例如：正失戀的她，看到妹妹要結婚了，聽到家人在談婚期，甚至妹妹還邀她陪她去買婚鞋的同時，她表面上看起來很鎮定，但內心簡直要抓狂了。

她不平的想：「這些幸福為什麼只有你有，我卻沒有？」「為什麼好運總是不落到我身上？」「你這又懶，衛生習慣又髒的女人，憑什麼能先結婚？」而懷著這些嫉妒心情的她，卻仍然要當個稱職的姊姊，但其實她內心「被比下去」的心態，已衍生出吃味和不甘心的心情。

請感受這些「你獲得了，我卻得不到」或「別人的人生進度比你超前」的比較心態，**這些比較心態其實是一種「不夠優越」的失落。這份失落也許早年就存在你心裡，只是如今被「妹妹結婚」這件事再度喚起**。

請寫下最近讓你心煩的黑暗地標：

______________________________，

______________________________。

步驟二、了解心靈的黑盒子：

請你回憶，在生命的過往經驗中，有哪些是你當年很介意，但當時未曾好好處理的感受，請寫下來。

例如：被誤會、不被相信、被輕視、被唱衰、被不公平對待、無法獲得父母的注意力、被比下去、被認為不盡力、被認為太愛享受、被認為不夠好、被認為愛計較、被認為不夠大氣、被認為自私、不夠勇敢、不夠聰明、不夠敏覺、反應不夠快、不夠體貼、不夠聽話、不夠孝順、不夠為別人想、不夠資格、沒有用、不該存在、很多餘、很無能……

______________________________，

______________________。

步驟三、接受你心裡的黑盒子：

沒有人是完美的，而一個人活著，總無可避免需要承受許多。但當一個人不滿、憤怒或怨恨時，那是一個人真實的感受，所以**不要躲避，也不要忽視，請如實的接納它們**。

步驟四、珍視你心裡的黑盒子：

請記得，黑盒子裡的每一個部分，都是你，也都屬於你。

當你覺得「自己不被相信的時候」，你必定很傷心，但你想要被相信的內容是什麼呢？

當你被說「不夠聽話的時候」，你必定很生氣，但你覺得自己正在用什麼方式聽大人說話呢？

我們可以做以下的練習：

當我被說「____________的時候」，我心裡很____________，但其實我想要的是______________________。

當我被說「＿＿＿＿＿的時候」，我心裡很＿＿＿＿＿，但其實我想要的是＿＿＿＿＿。

當我被說「＿＿＿＿＿的時候」，我心裡很＿＿＿＿＿，但其實我想要的是＿＿＿＿＿。

當我被說「＿＿＿＿＿的時候」，我心裡很＿＿＿＿＿，但其實我想要的是＿＿＿＿＿。

步驟五、輕捧黑暗背後深深的祝福：

請閉上你的眼睛，並張開雙手，以疼惜的心，去擁抱你心裡的黑盒子。黑盒子並不可怕，你無須偽裝成某個樣子來面對它，當你能擁抱它，你將會釋放過去的苦痛，也會發現原來答案從來不在他人身上。

總懷疑另一半出軌——疑心型

當年目睹母親外遇的傷痛，沒想到如今變成他們夫妻之間，永遠跨越不過的情感鴻溝。

「你是不是跟別的男人上床？」

「你們女人都犯賤……」

「女人只要愛美，就是想勾引男人。」

「騷貨，穿那像什麼樣……」

他邊說邊吐得亂七八糟，太太一邊扶他，一邊吆喝著孩子來清理爸爸吐滿地的穢物。

「啊，爸拉屎在褲子裡了！很噁！」孩子驚惶的尖叫，並拉著媽媽往後退。

他拉了一褲子溼軟的屎尿後，也往後一仰，砰的一聲倒了下去。

其實，他並不是突然之間變成這個樣子的。

結婚之初，他把太太捧在手心疼，他認為他們是世間上最好的組合。家裡有個不大的店面，營收也還過得去，他老早就希望自己能夠有個溫馨的家庭，擺脫陰霾的過去。

苦澀記憶成為他的牢籠

十四歲那一年的某一晚，夜裡尿尿後回房，經過爸媽房間時，突然聽見低鳴的喘息聲，他揉了揉眼睛，想仔細看個究竟，好像有兩個人交疊在棉被裡，棉被正上下起伏著。

他愣在一旁，不敢相信自己的眼睛，因為棉被那頭禿了一圈的頭髮，那個人不正是隔壁與爸媽一起做生意的王伯父嗎？天哪……

他的爸媽結縭近二十年，夫妻倆在市場擺攤，日子雖苦，但也還過得去。但眼前的這一幕，讓他太驚慌，也太害怕了。

「會不會是我自己看錯了？」他慌亂地告訴自己。

自此之後，他對待媽媽的態度不一樣了，他的心裡充滿對女性的不信任。母親以為他是青春期的叛逆，卻不知道這是對她無聲的抗議。而從這件事發生以後，他開始希望自己能有一段永不被背叛的戀情，一個永遠幸福的家庭，可是他心理的酸楚和悲哀，卻讓他對太太鎮日疑神疑鬼。

而這些鑽牛角尖所帶來的苦澀，終也壓得自己的太太和孩子喘不過氣。他無法鑽出這個狹隘的記憶，也無法卸下對女人的偏見。她對女人、愛和信任都嗤之以鼻……

我們在原生家庭受的傷

他以為長大後，就能成為一個成熟的男人。他不會像爸爸一樣，被戴了綠帽，還不知道。他也極力避免遇到像媽媽一樣的女人，一個會讓別的男人爬上床的女人。

但，十四歲那年的創傷實在太巨大了。他以為挑選伴侶、組成一個家庭就可以將過去封存在過往那只舊型木櫃裡，但其實他看出去的世界，依舊是誠惶誠恐。他對太太，充滿疑神疑鬼的不信任，而他對太太的不信任，其實源自於對自己的缺乏自信。

他一方面想擁有忠貞的戀情，一方面卻又認為自己給不起足以留住對方的條件。**這樣的缺乏自信，但卻自我膨脹的心理狀態**，是因為他始終還停留在十四歲那年，撞見媽媽外遇的當時。他走不出來。

很多時候，我們提到愛是修復過去的關鍵，是新的契機，但其實愛的本身，也是一段又一段的試煉。

當另一半能接納，就可能修復傷痛

我們需要一次次的冒險，一步步袒露自己最不自信和匱乏的部分，如果對方能夠接納，那麼就有機會修復過去的傷痛，但**若對方感到有負擔或排拒，那麼，這種缺乏自信的感受就會更強烈**。

在諮商的過程裡，曾經有一位太太對我說：「我先生常常挑戰我的底線，他明明知道我來自單親家庭，卻不斷意有所指，我之所以當不好太太，是因為我沒有正常家庭。但他來自正常家庭又怎樣，品行這麼差，在別人傷口上撒鹽，如果是這樣，來自正常家庭又如何？」

這位太太讓我印象非常深刻。雖然她的回應，讓先生感到不自在，但在她表達的同時，不但對自己過去的傷痛有所省察，也不讓別人踰矩，在自己的傷口上再度撒鹽，她知道如何不被對方定義或藐視過去的經驗。

讓過去成為過去

當愛情變成修復過去殘酷的刑場，戰戰兢兢地檢視是否再度受傷，渴望忠貞不渝，卻又因為害怕失敗，進而從中挑三揀四，卻沒看見。

其實躲在防衛和攻擊背後的，往往是殘破又害怕不已的自己。當一個人的自我是畏畏縮縮又殘破不堪，就更容易吸引虐待自己的人，而這樣的玻璃心態，如果未能覺察，也很容易變成未引爆的地雷。

因為自卑心理作祟，容易覺得自己矮人一等，感到自己不值得。但其實，無論上一代如何，那些都已經過去，**你現在的想法與決定，比較重要**。

疼惜自己的練習（二十三）

親愛的，請你記得，你其實有能力，就讓過去停留在過往。

我們看不見未來，有可能是因為過去的傷痛太大，也有可能是自己不願意將過去封存。畢竟，如果忘懷過去的傷痛，我們會懷疑，那麼是否連一部分的自己也遺忘了？而如果釋懷了，我們會害怕，我們是不是並沒有從中得到教訓？

一、為我們的傷痛，辦一場懇切的告別式：

「親愛的爸媽：

謝謝你們把我帶來這個世界上。現在的我，已經長大了，你們當父母的任務已經達成了，我知道這一路上你們很辛苦。

過去與你們相處時，有快樂、甜蜜，但也有你們加諸在我身上的痛苦、責難與對自尊的損傷。

我不怪你們，不是因為我比較有度量或仍然蒙蔽自己，是因為我不想再糾結在過去，走不出來。

無論過去我們如何，現在的我已經長大了。未來我會愛著自己，往我的人生道路前進。

謝謝你們和我一起走到這裡，無論這份相處經驗是美好的或痛苦的……我都會記得。**這是我的一部分，我不否定它，我如實接受。**」

二、布置一個安心角落：

在家中，挑選一個你喜歡的角落，擺設你喜歡的物品，放上讓你感到安心的人的相片或象徵物。

當你感到傷心、孤單或無助時，請記得回到這個角落，讓自己好好坐下來，將呼吸放緩，閉上雙眼，**想像一下，若是曾經讓你感到安心的那個人，知曉了你目前發生的狀況，他會對你說些什麼，他會如何同理你，他會如何安慰你。**

無法愛，更無法原諒——不懂愛型

只要先生晚回家或晚回她訊息，她就會無法克制地檢查他的公事包與手機。

七年前，她先生因為外派日本，而發生了一段外遇。雖然先生最後回頭了，但是，這場風暴並沒有結束，反而化明為暗。「我都已經回來了，你還要我怎麼樣？」每一次面對她的要求，先生心裡都有一股委屈感。

當初那句「接下來，我會用一輩子賠給你……」是他對她的承諾，只可惜自從發生那件事之後，她變得很沒安全感，她飽受疑神疑鬼的精神折磨。只要先生晚回家或晚回她訊息，她就會無法克制地檢查他的公事包與手機。

另外，先生的金錢和財產也全都交給她管理。先生被規定一天只能花三百元，其餘的花費，都必須再向她申請。為了贖罪，他賠上男人的尊嚴，只希望喚回她的心，以及一個完整的家庭。

無法停止懷疑的背後

只是，這些仍然無法安她的心，她無法放下那顆「你一定會背著我做些什麼」的懷疑與不安全感，甚至先生只要想碰她，她便下意識的在心裡升起「你好骯髒」的想法。所以，每當先生與她親密時，她反而感受到更多的背叛與不忠。

其實，她愈是懷疑先生，心裡也愈痛，而那些她無法消化的痛，直指的都是一種傷心。「其實從頭到尾，我都不是你的最愛？」「你的人在，心卻不在，這到底算什麼？」「原來我對你從頭到尾都沒有吸引力。」「你竟然是一個隨時找個人就外遇的男人？」

從小擔任父母之間的和事佬

她生長在父母經常吵架的家庭，她不知道父母為何要結婚，又為何要生下她。

她常常要當父母之間的和事佬，一下子安撫媽媽，一下子又安撫爸爸。

其實，她搞不定這兩個難搞的大人，她也沒機會學習如何與別人溝通，增進親密。她與先生的婚姻生活，像是一種責任與習慣。

沒想到，她在感情上卻遭遇先生的背叛。之後，她不准先生離開她的視線，她要把他拉回自己身邊。只是，當先生帶著愧疚的心彌補她，她的不安卻仍無法消弭。

她只能用更大的力氣拉著他，且愈拉愈緊……

我們在原生家庭受的傷

父母往往是我們學習如何與親密伴侶相處的第一個對象。當父母總是爭執不休，我們其實無法學到夫妻之間該如何相處與對待，甚至是如果婚姻不順時，我們又該如何安頓自己的心，以及如何面對。

孩子是依著大人成長的。當一對夫妻吵架的時候，孩子一方面要扮起和事佬的成人角色，一方面更擔心如果自己處理不好，例如偏袒或認同某一方，是否就要冒著失去另一方的危險。

父母常認為和孩子說心事，孩子一定會忘記，但其實不會，只是當孩子面臨自己無法處理的父母衝突時，他們常常會自責或是裝乖，但都是極度壓抑。

為什麼無法離開不適合自己的婚姻？

一個在原生家庭中常被迫處理父母衝突的孩子，當他們與伴侶有爭執，甚至覺得彼此不適合在一起時，他們往往無法離開，**因為這曾經是自己認為最「正確的決定」，而如果輕易離開了，除了打擊到自己當初的選擇，更印證了自己和父母同樣的命運**。

一個感到被虧欠的人，當面對生命中的變數時，一方面會覺得自己應該有風險控管的信心，但另一方面卻又對於對方製造「虧欠無上限」的危機感到無力。他們為什麼不離開？因為這曾經是自己認為最「正確的決定」，如果輕易離開了，除了打擊到自己當初的選擇，也更印證了自己和父母同樣的命運。

上述案例裡的太太，在先生發生外遇後，她的生存之道，是不斷地防堵先生。因為**她擔心自己一旦鬆手，會被先生傷得更重，但她應該要先處理的是自己薄弱和破碎的自我**。

父母從小怎麼對待我們，大大影響我們成為怎樣的大人。其實夫妻關係是很脆弱的，我們都無法保證關係會長長久久。親密關係就像植物，需要時時灌溉，否則會從基底枯萎，甚至是在你不經意的時候，已悄悄死亡。

而婚姻裡的外遇就像盆栽裡的沃土被破壞，上述案例裡的太太因為先生外遇，所以她不斷追討對方，希望對方彌補，讓對方悔恨，她的許多怨懟和難受，都希望對方能承擔。但重點還是必須讓土壤重新肥沃，否則再多的責難都只是讓土壤愈來愈乾涸，最後連植物都從根部壞死。

疼惜自己的練習（二十四）

我們該怎麼讓過去的遺憾，不變成人生裡的黑暗？

步驟一、請寫下我們人生中的「遺憾地標」：

在我的生命中，曾經發生過以下的幾件事，讓我感到很遺憾：

________，

________。

請挑選其中一件你最想處理的事，並回答以下的問題：

這件事對我現在的影響是：________。

我在過程中，最無法原諒別人的是：________。

我在過程中，最不放過自己的是：________。

我曾經做了什麼，讓自己好受一點：________。

如果這件事沒發生，我想像我的人生會：________。

但這件事已經發生，如果它可以讓我有所學習，我認為可能是：＿＿＿＿＿＿，＿＿＿＿＿＿。

步驟二、設置停損點：

當我們被遺憾影響的時候，就是被過去拖住了。

但其實，我們的人生是不斷持續往前的，所以**「讓過去的事，停留在過去」是一個很重要的練習**。

唯有對於過去的事設好停損點，我們才有療癒自己的機會，也才能慢慢減少過去的傷痛對我們的影響力，並珍惜和把握現在的關係。**這也是不會讓不安無限上綱，而導致更多「全世界虧欠我」的受害者心態**。

步驟三、練習愛自己：

親愛的，當我們受了傷，在生命中跌了跤，那是很痛、很難受的事，尤其是意料之外的傷痛，那往往更令人難以承受。

所以當我們受傷，感到疲累、煩悶、無助時，**請記得對自己說：「我愛你，無論發生什麼事，我都不會離棄你，我會一直待在你身邊。」**

你屬於你自己，你不需要拿自己的人生去換取別人的愛和肯定。

你生命中的失落與不安全感，你可以試著疼惜自己、療癒自己。

只有先把自己愛回來，你也才有能力愛別人。

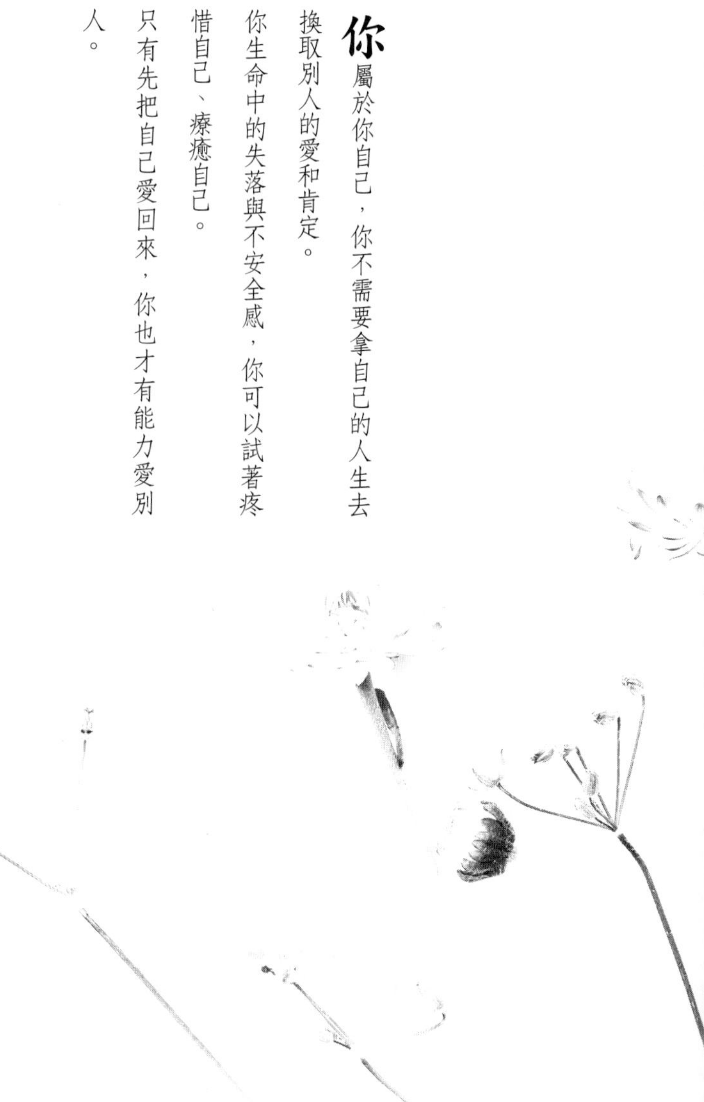

總對另一半大呼小叫——盛氣凌人型

她吵得愈大聲，心裡卻愈挫折，因為她怎麼大聲，那個溫柔的男人也回不來了。

「你那狗大便都沒清，臭死了！」太太一進門，就大聲抱怨。

「會嗎？我才剛清耶。」先生回應。

「你不養狗是活不下去嗎？我比不上那隻狗，是不是？你說啊，平常不是很會回嘴，這會兒怎麼變成啞巴了啊？！」

他已經不想理太太了，每回太太這樣，愈吵愈大聲，他就很想把耳朵摀上。

但對太太來說，她吵得愈大聲，心裡卻愈覺得挫折，因為她怎麼大聲，那個溫柔的男人也回不來了。

烙印在她身上的印記

交往多年的他們，總是吵吵鬧鬧，常被說是歡喜冤家，但時間一拉長，置身其中的兩人，卻覺得是無法溝通的折磨。

當年她被大家羨慕著和一個好男人交往。她仗著男人對她好，愈來愈予取予求。但溫柔的男人是有限度的，等時間一久，若仍持續不對等的關係，那麼，任誰都會覺得難以招架。

過去對先生習慣頤指氣使的她，總是不明白先生在眾人面前的忍讓，因為先生愛她、為她顧著面子，吞下滿腹委屈也無妨。可她沒並沒有珍惜，反而常得理不饒人，什麼都要爭到贏。

現在，先生忍無可忍的回擊，回擊得她啞口無言，只剩賭氣和不甘心。她從小看到媽媽一肩扛下許多事情，而爸爸總是默不吭聲，一副人在，心卻不在的樣子。她就覺得女生不能太能幹，但要有所要求，才會讓另一半就範。

長大後的她，控制著另一半要做什麼、不做什麼，什麼都要對方做到，不然就發脾氣。她本來以為先生可以照顧她一輩子，沒想到日子久了，也避之唯恐不及。

我們在原生家庭受的傷

很多人說：「我們會對心愛的人大呼小叫，那是因為我們是家人哪！」但真的是這樣嗎？

如果因為我們是家人，所以就被這樣頤指氣使，那麼我相信有些人會抱怨，我們不如還不要當家人，比較能夠理性溝通吧！

當愛夾雜著「控制」和「應該」，就容易變了調。

其實，應該要這麼想，就因為我們是家人，所以說起話來，很容易更有分量、更具殺傷力，也更讓彼此揪心。所以，你怎麼捨得在家人的傷口上撒鹽，讓對方更受傷？

將自己心裡的不滿，投射在對方身上

上述案例裡的夫妻，為什麼太太無視先生的付出，只盯著他做不好的地方緊追不放？又為什麼我們常對另一半大呼小叫，對別人，卻不會這樣？

如果一個人從小並未被好好對待，那麼，她的自我可能又脆弱又玻璃心。這樣長大的孩子，當她對自我的認定是「自己本就不值得被好好對待」，以及一旦她覺得「自己不夠好」的時候，**為了消化這樣「不好」的感受，她很容易投射在另一半身上，抱怨「另一半很差」**。

對方如果接住這個「我很差」的訊息，而急著解釋或證明，那麼這就是心理學上所謂的「投射—認同」作用。**當一方將自己心靈的垃圾丟出來的時候，對方因為愛你，且不希望在你眼裡，他是糟糕的，所以就接住這個心靈垃圾，以向你交代與證明「我沒你講的那麼差」。如此一來，就掉入一種「丟與撿」的心理惡性循環**。

而對於另一方來說，她會驚喜的感受到，原來，你愛我，就是有義務「幫我處理這些難以消化的心靈垃圾」，也就是：

「如果你愛我，怎麼會不幫我……」

「如果你愛我，就應該……」

「如果你愛我，就必須……」

在他們的眼裡，看不見對方的需要，也看不見自己可以付出什麼，只看得見對方可以提供什麼服務。唯有不斷地使用對方，才能感受到被愛、被關注、被照顧。不斷地創造出更多需要被對方服務的地方，是以愛之名，來滿足自己從未被關注的脆弱自我。

只可惜，這個脆弱的自我，是無法被滿足的。因為她的自我是破碎的，所以患得患失的感受也很多。

每個人都該處理自己心裡的「黑箱子」

當我們從父母眼光中所看見的自己，如果是一下子好，一下子不好，一下子乖巧，一下子差勁，那麼，我們就不容易整合出一個「我」是怎樣的人，尤其是自己的黑暗面，就很容易被丟到「丟臉」的黑箱子裡。**只等待著另一個人來解救，而不為自己負起整理黑箱子的責任**。

所以，我們常聽見伴侶間說對方很卑劣，但某種程度上，是她害怕自己很卑劣；說對方很自戀，其實是害怕自己很自戀；說對方很骯髒，其實是自己很髒，因為如果我承認這麼髒的人我也嫁，那不就代表我也很髒，於是不斷要對方洗手，似乎在對方是「徹底乾淨」的情況下，才能感受到自己夠乾淨。

但其實，這是自己無法消化的感受，投諸到另一個人身上的後果。有時候，根本與對方無關。

然而，一個長期被「服務」和「聽話」所餵養的人，這樣的危險在於，當對方「撤回服務」、「再不聽話」的時候，習以為常使用對方的她，就會崩潰且無法自理，常會大力指責另一半怎麼可以撤回關愛和服務，而成為變相的情緒勒索。

其實回頭想想，這些「莫須有的罪名」都是對方心靈的垃圾，你幫她清理再多年，她都不會有自覺。直到最後，你認清了，還給她這些屬於她的感受，她還會責備你「你以前都收，現在怎麼不收了？」把責任歸咎於你的錯，進而再度證明自己是好的。

疼惜自己的練習（二十五）

你身邊也有人陷入這樣「你丟—我撿」的心理遊戲嗎？還是你就是這種狀態的苦主呢？

我們可以玩一個「反轉遊戲」。「反轉遊戲」的遊戲規則：

步驟一、請你用一分鐘，寫下來你在伴侶身上所看到，你最受不了的特質。

例如：幼稚、不會想、不可理喻、不聰明、講話太直白、說話含血噴人、大嘴巴、愛八卦、愛跟風、沒有自己的風格、找別人麻煩、沒有證據硬要講、什麼都要爭到贏……

______________________________。

步驟二、請你找一位了解你的朋友或親人，然後跟他說（如果只有自己一人，也可以自行操作）：「我最討厭你很（特質或作為）……」

______________________________。

步驟三、說完上一輪後，請你將主詞倒過來說：「我其實是討厭自己__________，**當我做了這些，我感覺我很（無能、沒禮貌、笨、令人討**

厭、被視為白目、被拒絕、不受喜歡）＿＿＿＿＿＿＿＿＿＿＿＿。

步驟四、在我成長的過程中，有誰曾經說：「當你＿＿＿＿＿＿＿＿的時候，你是＿＿＿＿＿＿＿＿的。」

將每一個特質和作為，依據上述的句型，找到源頭。也許你是自己領悟到的，或真的被討厭過的，都可以。

因為有人的反應不如你預期，**讓你感受到不被愛、遭到拒絕、丟臉、難堪，這些其實都組成了我們破碎的自我。**

步驟五、如果你願意，請在每一句的後面加上「這是真的嗎？」「我是這樣嗎？」「就算我是這樣，我也接受他，愛著他好嗎？」

其實，在你挑剔別人「你很……」、「你應該……」的時候，也可能是我們最排拒自己、最無法接受自己的時候，這些話，會讓愛我們的人因此感到不知所措，他們也容易感到被我們排斥，尤其是我們的孩子，孩子是吸收得最徹底的。

所以，請回頭想想你所抱怨的內容，是否是你自己無法接受的反而將這部分投射到我們心愛的家人和孩子身上，要對方負責讓我們開心，以便接受這個破碎的自我呢？

寧可守著婚姻空殼——犧牲型

她要證明給全家人看，她在婚姻上的決定是對的。

「為什麼別人家的爸爸、媽媽都不會吵架，你卻一天到晚和爸吵？」當兒子抬著頭，眼睛瞪得大大地問她時，看著兒子稚嫩的臉，她啞口無言。

她不知道為什麼自己的婚姻會變成這樣，她和一個不能溝通的人牽扯一輩子。兒子的問題就像一個探照燈，照亮她已經了無生趣的伴侶關係。「唉，就當我這輩子欠你的啊。」她咬著牙，賭一口氣，合理化現況，並決定從此什麼都不說，什麼都自己扛，她再也不跟先生吵。

她決定用最低標準看待先生。只要先生人還活著，就算個性很盧、很不講理，沒什麼責任心，她也不再計較。

突然看見自己過去的傷口

幼年的她，從來沒有母親在身邊照顧。

她一直很希望自己能像其他家庭一樣，當她放學一回到家，就有媽媽煮好熱騰騰的晚餐，也有爸爸能教她功課。

但她等到的是混黑道的爸爸又不回來，只有不認識的叔叔或阿姨買了個便當給她，順便幫她簽完聯絡簿。

從小孤獨的她，很希望有個完整的家，所以很早就踏入婚姻。

「在婚姻中做牛做馬，犧牲奉獻，忍為上道」，是她不願離婚，也不願和難纏的老公分開的信念。

她要證明給全家人看，她的決定是對的。當這男人愈糊塗，愈做錯決定，她就愈將自己當成英雄，不斷收拾先生的爛攤子。

但當她看見兒子愈長愈大，心裡的掙扎卻也愈多，當老公愈常出事，她就明示、暗示地跟兒子交代：「媽媽很辛苦，希望你乖乖的，別讓我煩惱。」「想要有個完整的家，所以就要忍」，是她的生存之道。

還好兒子很長進，有了不錯的工作，但沒想到兒子結婚後卻想離婚，她陷入膠著……

當她勸著兒子，「我們做人，就是要做牛做馬，犧牲奉獻，也要有個完整的家……」她突然看見自己過去的傷口。那個沒有母親，只有半個父親陪在身邊的她，她想阻止兒子離婚的意志就更堅定了。

「沒有完整的家，你一定不會幸福的！」當兒子跟她提的時候，她賭氣的對兒子這麼說。

她不想了解兒子想離婚的原因，她下意識地覺得「只要聽，就會掀起自己過去的傷口」。

但兒子對她說：「離婚又不是坐牢，你不幸福，決定忍，那是你的事，為什麼要逼我接受現況，我總有選擇權吧！」

當兒子這麼說時，她迷惘了。

不是為了兒子，是感到自己的未來茫然無所依……

我們在原生家庭受的傷

我們常看到很多人覺得自己在關係中是犧牲的一方，但因為得不到對方感激，所以他們更一頭栽入，投入更多，直到自己消耗殆盡……

為何他們要跟自己如此過不去？

我們從小聽長輩耳提面命，「床頭吵，床尾和」或「忍一下就好了，別那樣計較」，這某部分是對的，如果彼此之間的關係是對等且互相珍惜，那麼忍讓像是一種緩衝，或許待雙方都冷靜，想一想，然後再彼此溝通後，就沒事了。但是長輩沒有教我們，對「錯誤對象」一味的付出努力和忍讓，其實是一件很危險的事情。

學習重視自己內心的聲音

回到上述案例，父母當年不敢結束自己的婚姻，結果現在當兒女的婚姻撐不下去時，他們卻認為兒女應該繼續忍耐，所以反對他們離婚。

當子女和父母的意見不一時，通常有兩個結果，一是子女順服父母的冀望，二是子女重視自己真實的感覺。但關於後者，子女會感受到兩種衝突的心境：

一、這婚姻真的已經乏善可陳，可他人不是我，無法體會我的感受，父母勸和不勸離，真的是為我想嗎？

二、也許媽媽說得對，她應該是為我好，可她如果真的為我好，怎麼不能懂我真實的心聲？

而我們開始能夠辨別哪一些是母親害怕被羞辱，害怕決定是錯，唯有將這些無意識的、沒有被確認的想法說出來，才有機會讓雙方都知道這是否是個經過意識判斷的決定。

自我中心的父母常常會灌輸子女「自我犧牲很值得，你可以換來不和對方吵架」、「忍一下風平浪靜，相安無事才是一個家庭該有的樣子」。他們不分對象，宣揚自我犧牲帶來多大好處，讓兒女認為自己做得不夠多、不夠好，而感到慚愧，最終變成「被榨乾的母親的繼承人」而無法脫身。

這類型的父母，他們不曉得自己的底線在哪裡，等到累壞了，或情緒累積到某個程度崩潰了，卻還自我譴責「我怎麼可能會崩潰」。

當他們犧牲愈多，這種捨我其誰的英雄劇本就愈膨脹，他們想消弭孩子對他們的質疑，挑戰一個又一個不可能的任務，也要求孩子如此做。他們也容易受到別人影響，更容易受評價牽扯，活成一方面不允許自己休息，一方面卻又譴責孩子的人生。

但其實那是屬於父母的決定，不是你的。如果父母不准你＿＿＿＿＿＿，也許與幾個因素有關：

一、違背他們生活中的核心信念。

二、無法承受未知和變動的能力。

三、挑戰到他們自己的選擇。

四、害怕外人的評價。

五、認為你是他的延伸（你的決定就是他的決定）。

其實，父母有他們在生命發展中的焦慮。我們都不是為了父母去結婚，別因為犧牲自己而付出更大代價，畢竟我們能負責的也僅是自己的人生。

疼惜自己的練習（二十六）

花點時間，找出對你的決定總是很有意見的那個人。他的一言一行，常常都讓你感到有罪惡感。你會覺得自己的決定是錯的，你也會感受到自己不被支持。

當他出現時，是否讓你感到緊張、變得渺小、感到有壓力？

請簡短描述這個人的個性，他是怎麼影響你，讓你有罪惡感。

＿＿＿＿＿＿＿＿＿＿＿＿＿＿＿＿＿＿＿＿，

＿＿＿＿＿＿＿＿＿＿＿＿＿＿＿＿＿＿＿＿。

其實，某部分「是我們讓他們在我身上發生作用的」，所以請記得你是自己生命的主人。

建議你，可以練習以下的信念。

你可以時時對自己默唸：「我，不需要當個事事犧牲的人。我的存在就是值得被珍惜的。」或將這句話寫下來，在自己有所猶疑時，拿出來鼓勵自己。

提到離婚，讓我想起有一次在帶領團體的實務現場裡，有一名成年女性，她提到自己從小生長在父母離婚的家庭背景時，感到羞愧，所以崩潰大哭。

她認為母親常常施加壓力給她，在她談戀愛的時候多所阻撓，老擔心她被男人騙，以至於她為了「要證明對象是好的，自己眼光不是錯的」，而無法正視在關係中的困境，乃至於真的被騙很多次。

然後，母親又冷嘲熱諷的說：「你跟我是同一款命，不要隨便談戀愛結婚」，她更是賭氣，更無法接受這種說法。

此時，在團體中，另一名男性開口：「其實，你媽媽應該要以自己離婚為傲，我父母糾纏了二十幾年不離婚，反倒是我們身為小孩，聽他們抱怨二十年無解的問題，弄到現在連談個戀愛，都覺得好像背叛父母。他們不離婚，我們的幸福卻被判了無期徒刑。」

接著他說：「你媽媽敢離開自虐的婚姻，應該要大大的自我肯定才是，不應該這麼負面啊。」

當時這些成員的話，大大寬慰了那位成年女性。

她說如果能早點聽到這些話，那麼她也許不會受困、受苦那麼多年。

其實離婚與否的決定並沒有對錯，每個人都有抉擇自己要怎樣幸福的權利。但若是因為父母婚姻中經歷的傷痛，或者父母本身個人未能覺察的某些原因，而掩蓋了孩子在關係中真實的感受，這才是讓孩子痛苦，也可能阻撓了孩子為自己人生重新做一次決定的機會。

關係可以跌了跤，再爬起來，但人生不行。也許時間拉到長遠，很多事情會變得微不足道，但我們不要成為關係中的貪食蛇，更不要成為犧牲奉獻無上限的長工，任何一種關係都是需要互相尊重，才能維繫，在婚姻中，更是不例外。

夾在媽媽和太太之間的先生——絕望型

只要她「提到婆婆又說什麼」，先生就用「你怎麼這麼情緒化」回擊。

「你嫁到我們家就要認分，有財產就應該交出來，這不是很基本的道理嗎？」那天婆婆在跟鄰居抱怨，被身為媳婦的她聽到，她覺得很不滿，但沒作聲，沒想到小姑也開口。

「人家婆婆說什麼就是什麼，沒想到大嫂你這麼不懂事。你看看隔壁家媳婦，多麼識相。識相才會得人疼。」小姑酸溜溜地補上這些話。

她被婆婆和小姑兩人夾擊，心裡不是滋味，晚上與先生吵，但先生也感到無能為力。

「我媽的個性就是這樣，我也不知道她哪裡來的這種觀念，認為『只有姓我們家的姓、留我們家的血，才是家人』，你就別跟他計較。」

原本先生是想好聲好氣的勸太太看開點，沒想到太太很崩潰，情緒失控地說：「什麼叫做『不是流你們家的血，就不是自己人，那你跟你妹亂倫好了，依照你媽的道理，『近親相姦』才叫做自己人嘛！」

「你講這什麼話啊！固然我媽有錯，但你講這話真的太離譜。」

後來，只要她「提到婆婆又說什麼」，先生就用「你怎麼這麼情緒化」回擊。這樣長年爭吵下來，她覺得很膩，也很煩。

她感到很懊惱，先生不打算搬出去，但也漸漸不回家。她在家中被冷言冷語當作外來人，很不安，卻又沒有出路。

各自無法逃離原生家庭的夫妻

她來自傳統家庭，媽媽常被爸爸挑剔、責罵，卻絲毫不敢吭聲，依然認命地完成媳婦該做的事。

從小為媽媽抱不平的她，早就看膩這種八點檔的劇情。原本婚前，告訴自己「眼光要放亮，千萬不要有機會步上媽媽的後塵」，沒想到自己卻陷入另一個不講理的傳統家庭迴圈裡。

當年她為了要擺脫男尊女卑、言語暴力的家庭。她選擇風度翩翩，喜歡看展覽、逛藝廊的先生。與先生交往期間，她與他談論創作，她從他身上感受到自由自在，一種能從現實中逃逸，不必為現實愁苦擔憂的心情。她心想：「這性格溫順、視野開拓的文藝青年，應該就是能帶我從家庭出走的最佳人選吧！」但沒想到婚前看似開明的先生，在家卻是被擁有傳統觀念的婆婆擺布，無法逃脫。

「只要有血緣關係就是一家人，沒有血緣關係就是外人」這樣的說法，讓她變得歇斯底里、情緒失控，最後婆家總以「你太情緒化」而不斷責難她。把她視為外人，卻又以「媳婦的本分」之名逼她就範，這不是很矛盾嗎？她這才恍然大悟，原來，當年她和先生一樣，都急欲想逃離這樣男尊女卑、長輩大權在握的家庭，而看似逃出原生家庭束縛的兩人，卻不知彼此都又被家庭捲了回去。

我們在原生家庭受的傷

她看似和原生家庭做了很不同的抉擇，但沒想到，原生家庭仍以另一種形式回到她身上。

深深感到挫折的夫妻

她希望透過婚姻來解決這些過去的傷痛，卻始終無法如願，讓她感到很挫折。但在這過程中，想必先生也是挫折的。

先生用他的怒氣來抵制太太的抱怨，因為他深深知道媽媽和太太都沒有安全感，而他也無法處理女人的沒安全感。

對先生來說，他也在重複原生家庭的夢魘。原本以為自己選擇了「前衛、開明的太太」，那麼，太太應該就不會像老媽一樣叨唸和傳統，但他對太太有過多的理想化。

他認為太太能夠帶來安全感，並給予他童年所無法獲得的尊重。他在與太太的對談中所獲得的自由感，不僅僅滿足她，也滿足了自己的優越感和被尊重。原本他以為太太能夠帶他從原生家庭中逃逸，但卻因為雙方都陷入原生家庭的重複模式中，而備感無助和挫折。

令人悲傷的「強迫性重複」

這種狀態稱作「強迫性重複」（repetition compulsion），強迫性重複指的是我們很容易在不知不覺中，被特定類型的對象所吸引。例如，臨床個案中常見的典型「討好男—冷豔女」的組合，有些男生特別喜歡冷豔、難親近的女生，可是他們卻不斷外遇，而外遇的對象都是對他們很順從的女生，他們以此來彌補在伴侶關係中得不到的尊重。

他們藉由和對方一來一往難搞的互動過程，來處理過去與強勢母親互動時，那種「凡事被決定，沒辦法說心裡話，一直被當成小男孩」的挫折感。基於希望被母親認可和喜歡，選擇一個難以親近的女性，以便處理他們過去和母親之間無法親密的問題。

一方面他們對這樣的挑戰著迷，另一方面卻又在「依然難以討好」的固定互動模式中，企盼有溫馨的母愛。

這樣的模式其實很有問題，因為一旦難親近的對象將她最依賴的部分呈現出來，男人又覺得這樣就「變成家人」、「沒有感覺」，因而失去挑戰了。

疼惜自己的練習（二十七）

這種強迫性重複的方式，往往在下意識中進行。也許我們無法在關係中立刻體會到，但從過去經驗和現在的戀情中，時時保持覺知，卻是非常重要的。

也許可以透過以下的問題，**整理過去原生家庭的生命經驗，以及現在的自己**：

一、在原生家庭中，你最無法認可的對象是＿＿＿＿＿＿（可多多列舉）。

原因是＿＿＿＿＿＿＿＿＿＿。

你最不想像到他的＿＿＿＿＿＿＿＿。

二、在原生家庭中，你不喜歡的家庭規則是＿＿＿＿＿＿（可多多列舉）。原因是＿＿＿＿＿＿。

你發現自己不喜歡的原因，是害怕過去對你的影響是＿＿＿＿＿＿，＿＿＿＿＿＿。

在你過去戀愛的經驗中，你覺得自己最委屈的點在於＿＿＿＿＿＿，＿＿＿＿＿＿。

你認為這幾者有何關聯？＿＿＿＿＿＿，＿＿＿＿＿＿。

你企盼在現在或未來，自己的家庭氣氛是＿＿＿＿＿＿，＿＿＿＿＿＿。

我們不需要繼承上一代父母的戰爭，但我們也無法冀望另一個人有義務和能力，帶我們從原生家庭中出走。

「愛情」和「婚姻」不完全是過去關係的解藥，我們其實都很平凡，也很對等，當我們負著傷，卻不斷理想化另一個人有能力帶我們出走的同時，他往往也在和我們這段的關係中，

舔舐著他過去的傷痛。

唯有對自己保持覺知，負責任地和對方溝通，並邀請對方一起成長，我們雙方才可能成為修復彼此原生家庭傷痛的解藥。

【附錄】寫下生命中支持你、欣賞你、陪伴你的人

在你的生命中，有許多人會出現，也會有人離開。有些人對你的影響很深，而有些人可能讓你很痛苦。我們該如何看待，又該如何療癒自己？

步驟一：寫出你原生家庭中的成員。

例如：爸爸、媽媽、奶奶、哥哥。

步驟二：當你想到他們時，你的感覺是什麼？

例如：我發現媽媽對我總是高高在上，讓我感覺自己很渺小、沒有自信。

我發現姊姊雖然總是吐槽我，但她卻又很關心我，總是站在我這邊。

我發現我爸總是展現權威，讓我感覺他的意見很可靠。

我覺得＿＿＿＿＿＿＿＿＿＿＿＿＿＿＿＿。

我覺得＿＿＿＿＿＿＿＿＿＿＿＿＿＿＿＿。

我覺得＿＿＿＿＿＿＿＿＿＿＿＿＿＿＿＿。

我覺得＿＿＿＿＿＿＿＿＿＿＿＿＿＿＿＿。

步驟三：寫下你希望家人看待你、對待你的樣子。

例如：我希望媽媽別總是高高在上，我希望她偶爾可以抱抱我，聽我說說心裡的煩惱。

我希望＿＿＿＿＿＿＿＿＿＿＿＿＿＿＿＿。

我希望＿＿＿＿＿＿＿＿＿＿＿＿＿＿＿＿。

步驟四：寫下雖然不是你的家人，但總是願意支持你、欣賞你、陪伴你的人。

例如：××看著我時，我覺得自己被肯定。

××看著我時，我覺得自己被欣賞。

××看著我時，我覺得自己被愛、被喜歡。

______________________________。

______________________________。

______________________________。

請你記得，你的存在，本身就是一種價值。你無須配合他人，更無須委屈自己。

而當你受挫，也請你記得，你身邊有支持、欣賞及陪伴你的人，或許他們是家人，也或許不是家人，他們願意付出，也願意給予溫暖。

你，從來都不是孤單一人。

國家圖書館預行編目資料

看不見的傷，更痛：療癒原生家庭的傷痛，把自己愛回來／黃之盈著. ——初版. ——臺北市：寶瓶文化, 2017. 11
面；　公分. ——（vision；151）
ISBN 978-986-406-103-7（平裝）
1. 家庭衝突 2. 親子關係 3. 家庭輔導
544.18　　106018783

vision 151

看不見的傷，更痛——療癒原生家庭的傷痛，把自己愛回來

作者／黃之盈（諮商心理師）
副總編輯／張純玲

發行人／張寶琴
社長兼總編輯／朱亞君
副總編輯／張純玲
資深編輯／丁慧瑋　編輯／林婕伃
美術主編／林慧雯
校對／張純玲・陳佩伶・劉素芬・黃之盈
營銷部主任／林歆婕　業務專員／林裕翔　企劃專員／李祉萱
財務主任／歐素琪
出版者／寶瓶文化事業股份有限公司
地址／台北市110信義區基隆路一段180號8樓
電話／(02) 27494988　傳真／(02) 27495072
郵政劃撥／19446403　寶瓶文化事業股份有限公司
印刷廠／世和印製企業有限公司
總經銷／大和書報圖書股份有限公司　電話／(02) 89902588
地址／新北市五股工業區五工五路2號　傳真／(02) 22997900
E-mail／aquarius@udngroup.com

法律顧問／理律法律事務所陳長文律師、蔣大中律師
如有破損或裝訂錯誤，請寄回本公司更換
著作完成日期／二〇一七年九月
初版一刷日期／二〇一七年十一月十三日
初版六刷日期／二〇二一年四月七日
ISBN／978-986-406-103-7
定價／三二〇元

愛書人卡

感謝您熱心的為我們填寫，
對您的意見，我們會認真的加以參考，
希望寶瓶文化推出的每一本書，都能得到您的肯定與永遠的支持。

系列：Vision 151　**書名：看不見的傷，更痛——療癒原生家庭的傷痛，把自己愛回來**

1. 姓名：________　性別：□男　□女
2. 生日：____年____月____日
3. 教育程度：□大學以上　□大學　□專科　□高中、高職　□高中職以下
4. 職業：________
5. 聯絡地址：________________
   聯絡電話：________　手機：________
6. E-mail信箱：________________
   □同意　□不同意　免費獲得寶瓶文化叢書訊息
7. 購買日期：____年____月____日
8. 您得知本書的管道：□報紙／雜誌　□電視／電台　□親友介紹　□逛書店　□網路　□傳單／海報　□廣告　□其他
9. 您在哪裡買到本書：□書店，店名________　□劃撥　□現場活動　□贈書　□網路購書，網站名稱：________　□其他________
10. 對本書的建議：（請填代號　1. 滿意　2. 尚可　3. 再改進，請提供意見）
    內容：________
    封面：________
    編排：________
    其他：________
    綜合意見：________________
11. 希望我們未來出版哪一類的書籍：________________

讓文字與書寫的聲音大鳴大放

寶瓶文化事業股份有限公司

（請沿此虛線剪下）

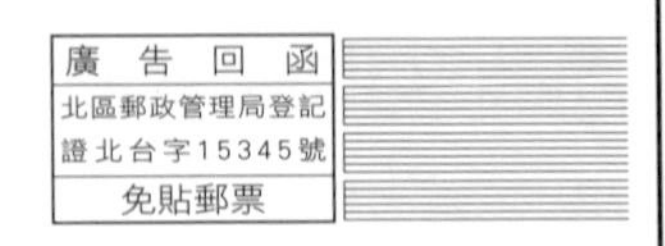

寶瓶文化事業股份有限公司收

110台北市信義區基隆路一段180號8樓

8F,180 KEELUNG RD.,SEC.1,

TAIPEI.(110)TAIWAN R.O.C.

（請沿虛線對折後寄回，或傳真至02-27495072。謝謝）